KB235896

접시 위의 세계

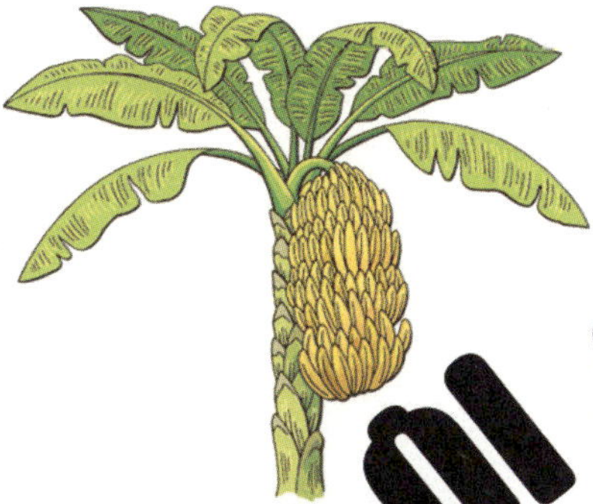

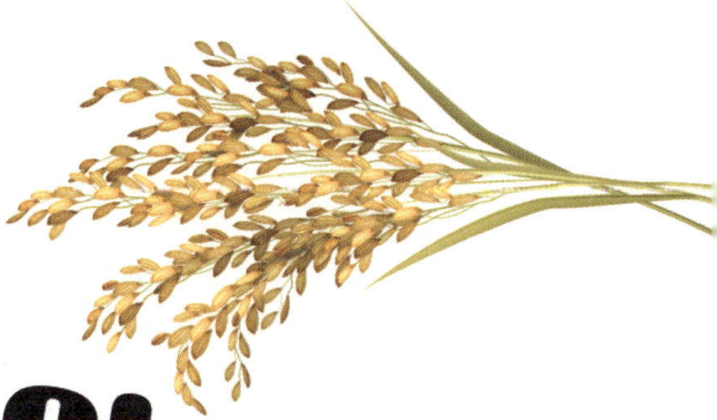

땅위의 세계

지리 선생님이 들려주는 세계의 식량

전국지리교사모임 지음

인물과 사상사

접시 위의 세계,
우리의 이야기

매일 먹는 음식 한 끼가 단순히 허기를 채우는 것 이상의 의미가 있다는 사실을 알고 있나요? '흑백요리사', '삼시세끼', 그리고 넘쳐나는 '먹방' 콘텐츠들이 주목받는 이유는 음식이 우리 삶의 중심에 있으며, 동시에 우리가 사는 세상과 깊이 연결되어 있기 때문입니다. 밥 한 공기, 커피 한 잔, 초콜릿 한 조각에는 몸과 마음을 채워주는 맛 이상의 이야기가 담겨 있습니다. 그 이야기 속에는 우리가 몰랐던 자연 환경, 역사, 경제, 그리고 사람들의 삶이 얽혀 있습니다.

한 톨의 쌀은 아시아 농부들의 땀과 시간이 만든 결실이고, 한 잔의 커피는 아프리카 농부들의 정성과 그들의 땅이 준 선물입니다. 초콜릿 한 조각은 남아메리카의 열대 숲에서 시작된 달콤한 여행의 결과물입니다. 이처럼 우리의 식탁은 세계를 향한 창이자, 우리 자신을 비추는 거울과도 같습니다.

프랑스 미식가 장 앙텔름 브리야사바랭의 말처럼, 음식은 우리가 누구인지, 우리가 어떤 세상에서 살고 있는지에 대한 단서를 제공합니다. 여러분의 어머니, 아버지, 그리고 할머니와 할아버지께서는 어떤 음식을 먹고 살아오셨을까요? 그리고 음식은 어떤 이야기와 연결되어 있을까요?

여러분과 함께 매일 먹는 음식이 어떻게 세계와 연결되어 있는지 탐구하고, 음식이 담고 있는 놀라운 이야기를 발견하는 여정을 시작하고자 합니다. 음식을 통해 단순히 먹는 행위를 넘어 세상을 이해하고, 우리의 뿌리와 미래를 함께 고민할 수 있습니다. 특히 오늘날 식량 불평등과 농업 문제, 그리고 경제적 불평등이 식탁에서 어떻게 드러나는지를 지구촌 곳곳의 장면을 보며 이야기하고자 합니다.

또한, 작물과 관련된 위기와 전쟁 이야기를 통해, 식량의 역사가 단순한 농업 기술의 발달이 아니라 정치와 사회의 중요한 한 축임을 이해하게 될 것입니다. 우크라이나 흑토지대와 남아메리카 바나나 전쟁 같은 사례를 통해 우리는 식량이 단순히 에너지를 제공하는 것이 아니라, 역사의 방향을 바꾸는 중요한 요인임을 발견할 수 있습니다.

그리고 지구 환경과 지속 가능한 식량 공급이라는 도전 과제를 직시하고자 합니다. 급변하는 기후가 우리의 밥상에 어떤 영향을 미치는지 살펴볼 것입니다. 마지막으로, 미래의 식량에 대한 흥미로운 상상을 펼쳐볼 것입니다. 곤충에서부터 대체 단백질, 그리고 스마트 농업과 같은 혁신 기술들이 어떻게 새로운 식탁을 만들어갈지 살펴봅니다.

미래의 식량은 단순히 배를 채우는 것을 넘어, 우리가 더 나은 지구를 만들어가는 중요한 도구로 자리 잡을 것입니다.

여러분이 접시 위에 담긴 세계를 이해하며 더 큰 세상을 꿈꾸기를 바랍니다. 이제 함께 떠나볼까요?

세계의 식량 작물

세계인구는 2025년 1월 기준 약 81억 명입니다. 세계인구를 1,000명이라고 하면 그 절반이 넘는 591명이 아시아에 살고 있습니다. 전 세계 237개 나라에서 인구순으로 5위까지 국가 중 4개 나라가 아시아에 있습니다. 인도 14.4억 명, 중국 14.2억 명, 인도네시아 2.8억 명, 파키스탄 2.5억 명이죠. 인구 3위인 3.5억 명의 미국만 북아메리카에 있습니다.

어떻게 이렇게도 많은 사람이 아시아에 살고 있을까요? 땅의 크기 때문일까요? 아니면, 경제 수준? 단적으로 유럽과 아시아의 면적, 경제 수준, 인구를 비교해 보겠습니다. 대륙의 면적은 아시아가 유럽보다 4.4배 넓지만, 1인당 국내총생산(GDP)은 유럽이 아시아보다 4배나 높지요.

세계의 인구가 1000명이라면!

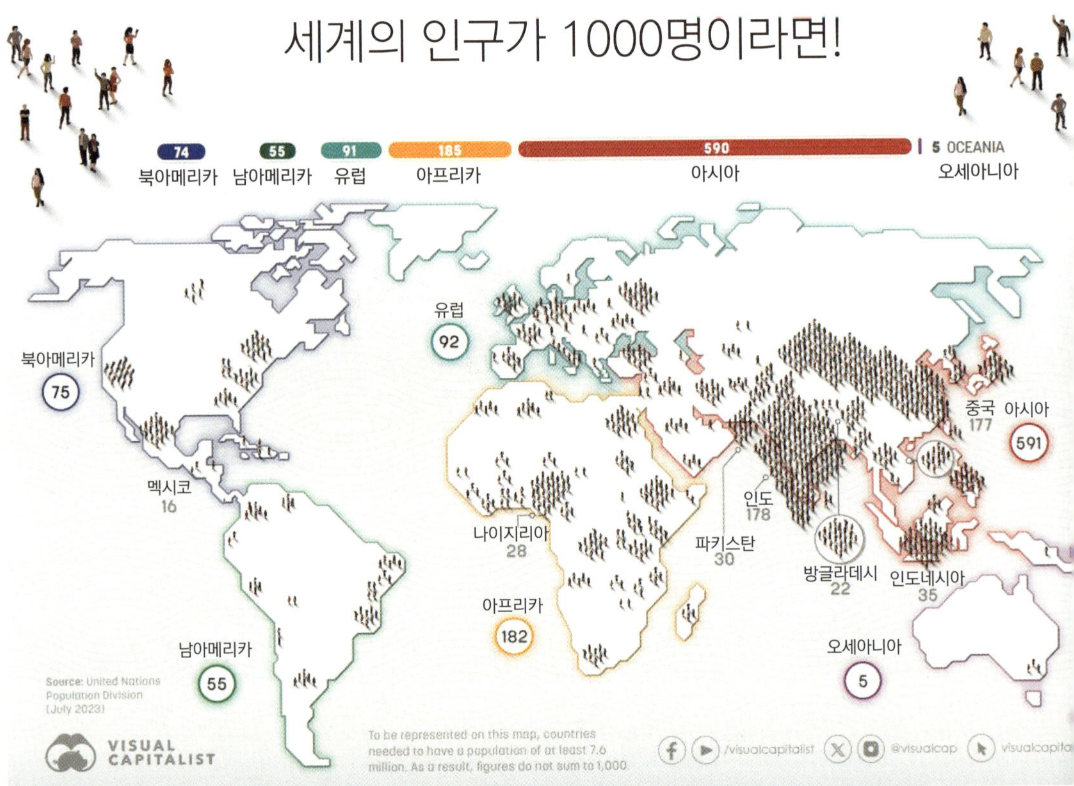

세계 전체 인구를 1,000명으로 보았을 때 지역별 분포도

출처: visualcapitalist

유럽-아시아 비교				
	유럽	아시아	유럽	아시아
면적	약 1,010만km²	약 4,450만km²	1	4.4
경제 수준(1인당 GDP)	약 33,600달러	약 8,500달러	4	1
인구	약 7.5억 명	약 47.8억 명	1	6.1

출처: 1인당 GDP-IMF 2024 세계 경제 전망, 인구-UN 2024 세계 인구 전망

히지만, 인구는 유럽보다 아시아가 6.1배나 많습니다. 그 이유가 무엇일까요?

인간이 생존하기 위해 가장 본능적으로 필요한 것은 무엇일까요? 바로 음식입니다. 흔히 "무얼 먹고살지?", "먹고살자고 하는 일이다", "못해 먹겠다"라는 표현에서 알 수 있듯이, 우리의 삶은 음식을 중심으로 돌아갑니다. 그렇다면 아시아 사람들은 주로 무엇을 먹고 살까요?

아시아를 대표하는 식량은 단연 쌀입니다. 쌀은 아시아인들의 주식이자 삶의 근본을 이룹니다. 다음 세계지도에서 짙은 녹색으로 표시된 지역은 주요 쌀 재배지를 나타냅니다. 이 지역은 동아시아(한국, 중국, 일

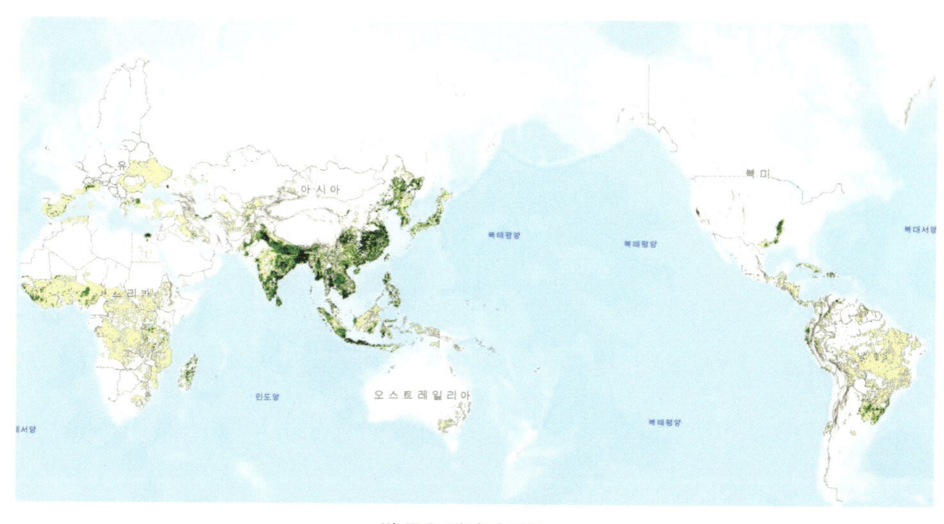

쌀 주요 생산지 지도
녹색이 짙을수록 생산량이 많음

출처: FAO 통계로 Our World in data에서 제작

아시아 국가별 쌀 생산량

쌀 생산 순위	국가	쌀 생산량(억톤)	세계 비중
1위	중국	1.44	28%
2위	인도	1.37	26%
3위	방글라데시	0.37	7%
4위	인도네시아	0.33	6%
5위	베트남	0.26	5%

출처: 2024 미 농무부 국제생산평가과

본)에서 동남아시아(인도네시아, 베트남), 그리고 남아시아(인도, 파키스탄)를 포함합니다. 계절풍이 불어서 몬순monsoon 아시아로 불리는 지대입니다. 주로 열대와 온대 기후 지역이며, 바다와 가까운 것이 특징입니다.

아시아가 쌀을 주로 재배하게 된 까닭

쌀은 식탁을 넘어 아시아인의 삶의 철학과 문화에 깊숙이 스며든 작물입니다. 그런데 왜 하필 쌀일까요? 아시아의 기후와 지형, 토양, 그리고 쌀의 특성이 만들어낸 독특한 연결고리를 따라가다 보면 그 답을 찾을 수 있습니다.

쌀은 물을 좋아하는 작물입니다. 1kg의 쌀을 생산하려면 무려 2,500~5,000리터의 물이 필요합니다. 밀은 900~1,600리터, 옥수수는

농작물별 생육 조건과 생산량			
항목	쌀	밀	옥수수
물 필요량 (곡물 1kg당)	2,500~5,000리터	900~1,600리터	450~1,200리터
최적 온도	20~35°C	10~25°C	15~30°C
토양 요구 조건	습한 점토	배수가 좋은 양토	다양한 토양 적응
수확량 (1ha당) 1ha≒약 3,000평	4~5톤	3~4톤	5~6톤
세계 생산량(2022)	7.8억 톤	8.1억 톤	11.6억 톤

출처: FAO, UNESCO, USDA, 한국농촌경제연구원

450~1,200리터로, 쌀보다 훨씬 적은 물로도 충분히 키울 수 있습니다. 그렇다면 아시아에서 쌀농사에 필요한 물은 누가 공급해 줄까요? 그것은 바로 여름 계절풍입니다. 아시아 대륙의 남쪽과 동쪽에는 거대한 바다가 있습니다. 남동쪽으로는 태평양, 남쪽으로는 인도양이 있습니다. 적도 부근의 따뜻한 바다에서 불어오는 여름 계절풍을 따라 장마, 스콜이나 소나기, 태풍이 발생해서 많은 비를 가져다줍니다. 연간 강수량이 1,000~2,000mm에 이르는 곳도 흔합니다. 이 풍부한 물로 논을 채워 벼에게 공급해 줄 수 있습니다.

논에서 쌀을 키우면 잡초 걱정도 덜합니다. 논은 물로 덮여 있어 물을 좋아하는 수생 잡초만 자랄 수 있습니다. 밭에서 농사를 지을 때는 온갖 잡초가 자라기 쉬워서 관리가 어렵지만, 논에서는 밭보다 잡초가 6분의 1로 줄어든다는 농업 전문가의 의견이 있습니다. 게다가 먼 곳을 지나며

흘러들어온 물은 각종 영양분을 논으로 가져옵니다. 거름 성분뿐만 아니라 벼의 성장을 돕는 망간, 마그네슘 같은 미량 원소도 포함되어 있어 벼에 자연스럽게 영양분을 제공합니다. 그에 힘입어 벼를 기르고 수확한 논에서, 다시 벼를 이어서 길러도 영양분 부족을 걱정할 필요가 적지요. '연작連作(이어 짓기)에 의한 피해'가 적다고 할 수 있습니다. 물은 쌀을 키우는 데 없어서는 안 될 완벽한 농업 파트너인 셈입니다!

물을 가두어 놓은 논에서 어린 벼를 심는 모내기 장면
점차 사람 대신 이앙기라는 기계로 하는 경우가 늘고 있음

벼와 찰떡 궁합,
충적토와 더운 기후

벼는 물을 좋아하니, 물 빠짐이 적은 점토질 토양 비중이 높은 충적토를 좋아합니다. 입자가 작아서 물을 오래 머금는 점토질 토양은 홍수가 날 때 상류에서 밀려 내려온 흙이 강 일대에 쌓이고 덮이는 과정에서 만들어집니다. 아시아의 대규모 강-메콩강, 갠지스강, 창장강 등-유역은 쌀 재배에 적합한 토양을 만들어냈습니다. 아시아는 강수량이 여름 계절풍이 부는 시기에 집중하여 홍수나 범람이 잦습니다. 자연스럽게 강 주변에 진흙과 같은 점토질 토양이 풍부하게 퇴적되었습니다. 이에 비하여 밀이나 옥수수는 물이 잘 빠지는 밭에서 주로 재배합니다. 물을 머금는 힘이 강한 아시아의 토양은 쌀의 성장에 최적인 환경이었습니다.

쌀은 20~35°C의 높은 기온을 선호합니다. 반면 밀은 10~25°C, 옥수수는 15~30°C의 비교적 낮은 기온에서도 자랄 수 있습니다. 한반도 주변 동아시아는 쌀이 자라는 기온을 여름이라는 계절이 맞추어 줄 수 있습니다. 동남아시아와 남부 아시아는 대부분 열대기후에 해당하여 연중 벼의 생장 온도를 맞춰줍니다.

몬순 아시아는 쌀이 잘 자랄 수 있는 기후와 지형 조건을 갖추고 있습니다. 다른 지역보다 풍부한 강수량, 점토질 토양, 높은 기온의 조건을 갖춘 벼농사에 선택받은 지역이라고 말할 수도 있습니다.

쌀 재배는 다른 작물보다 노동력이 많이 필요한 작업입니다. 논에 물을 채우고, 벼를 심고, 수확 후 탈곡과 도정을 거치는 과정은 손이 많이 가죠. 농업이 주요 산업이었던 시절, 사람들은 가족 단위로 협력해 쌀을 재배하며 생계를 유지했습니다. 쌀의 특성과 집단 노동력의 필요성은 완벽히 맞아떨어졌고, 쌀과 사람은 서로를 위해 더 많은 인구를 형성하였습니다. 쌀은 단순한 식량을 넘어 공동체와 문화를 잇는 역할을 했던 것입니다.

우크라이나의 결혼식에서 신혼부부의 풍요와 다산을 격려하며 쌀과 곡물을 뿌리는 모습

쌀은 밀보다 같은 면적당 생산량이 많습니다. 1ha(약 3,000평)낭 평균 생산량은 쌀이 4~5톤, 밀이 3~4톤으로 쌀이 더 높은 생산성을 자랑합니다. 수확한 다음 같은 땅에서 보리나 밀을 이어서 기를 수도 있고, 열대기후 지역은 1년에 두세 차례 쌀을 재배하여 수확하기도 합니다. 이렇게 생산성이 좋으니 많은 사람을 먹여 살릴 수 있습니다. 미국이나 이탈리아, 인도 등 수많은 국가에서는 결혼식을 할 때 쌀을 뿌리는 의식이 있습니다. 다산과 풍요를 기원하는 의미이지요. 쌀 한 톨 한 톨이 단순한 곡물이 아니라, 사람들의 희망과 번영의 상징인 셈입니다!

기를 때는 힘들어도, 먹기에는 편한 쌀!

벼 재배에 많은 시간과 노력이 들지만, 조리할 때는 반대입니다. 모든 곡식이 그러하듯 벼도 수확한 다음에 알곡을 이삭에서 털어 내는 '탈곡'과 껍질을 벗기는 '도정'을 거칩니다. 새하얀 쌀을 물에 씻어 끓이면 밥이 됩니다. 쌀은 원래의 낟알 형태 그대로 우리의 식탁과 입안으로 들어옵니다.

상대적으로 밀은 탈곡과 도정을 마친 이후에 가루로 만드는 과정이 필요합니다. 밀가루와 물을 배합하여 반죽하고, 발효시킨 후 화덕이나 오븐에 구워내어야 비로소 먹을 수 있습니다. 비교하자면, 쌀은 재배할 때는 힘들어도, 조리할 때는 간편합니다. 이것이 쌀을 포기하기 어려운

쌀(왼쪽)과 밀(오른쪽) 이삭과 낟알

이유도 되겠지요.

벼농사가 만든 동양의 집단주의와 중앙집권 국가

쌀은 동양 문명을 형성하는 데 중요한 역할을 했습니다. 일정한 물 관리
와 정밀한 노동 분배가 필요해서 혼자서 농사짓는 것은 불가능에 가깝
습니다. 마을 사람들이 힘을 합쳐 물길을 만들고, 논 가장자리에 둑을 쌓
고, 서로의 수확을 돕는 일이 필수적이었죠. 강물을 얻기 어려운 지역은
저수지를 쌓아야 했고, 홍수와 같은 재난을 입는 경우 함께 저수지나 논
둑을 고쳐 쌓아야 했습니다. 이런 공동 작업에서 동양 사회의 집단주의
가 형성되었습니다. 벼농사가 단순히 먹거리를 넘어 사람들을 하나로 묶
는 역할을 한 셈입니다.

쌀농사는 동양 사회에서 강력한 중앙집권 체제를 단생시켰습니다. 물을 효율적으로 관리하기 위해서는 대규모의 저수지, 수로, 댐 등이 필요했는데, 이를 위해 국가나 지방 정부가 작업을 조율해야 했습니다. 특히 중국의 역사에서는 황제가 직접 농업 정책을 주도하며, 농민들의 세금과 부역을 들여서 관개 시설을 유지했습니다. 이렇게 중앙 권력은 농업 생산과 연결되었고, 사람들은 자연스럽게 지도자에게 의존하는 체제를 받아들였습니다. 이 과정이 동양 사회가 단합과 질서를 중시하는 문화를 갖게 된 배경이 되었습니다.

왕 중심의 중앙집권적 국가 체제는 서양보다 동양에서 먼저 형성되었습니다. 쌀 생산을 위해서는 물 관리를 위한 대규모 토목공사가 필요했고, 홍수 같은 재난에 대비하기 위해서 집단시스템, 즉 중앙집권적 국가가 필요했기 때문입니다. 동양은 기원전 3세기 무렵부터 왕 중심의 중앙집권 체제를 확립했습니다. 반면, 서양은 중세 시대가 끝나가는 시기

중앙집권적 국가의 형성 시기		
구분	동양	서양
중앙 집권화 시기	기원전 3세기(진나라 등) 상대적으로 빠르게 형성, 일찍 안정화	중세 말기(12~15세기), 근대(16~18세기) 중세시대와 봉건제 이후, 점진적으로 강화
왕의 역할	왕(황제)이 종교나 사상(유교 등) 중심으로 통치	왕권이 초기에는 약함, 근대에 절대적 강화
특징	관료제와 사상적 통합 (유교, 불교)기반	군사력, 종교, 경제 중심으로 왕권 강화

인 12세기와 16세기에 와서야 왕권이 강화되었으며, 절대왕정을 통해 중앙집권적 체제를 완성했습니다.

쌀농사에서 비롯된 집단주의는 오늘날에도 여러 곳에서 보입니다. BTS, 블랙핑크와 같은 아이돌 그룹이 한류를 대표합니다. 학교, 회사, 가족 등에서 여전히 공동체를 중시하며 조화를 이루려 주변 사람들을 의식합니다. 물론 현대 사회는 개인주의적인 요소도 많아졌지만, 서로 돕고 협력하는 마음은 벼농사 시대부터 이어진 동양의 유산이라고 볼 수 있습니다. 쌀에 담긴 국가와 사회, 공동체의 모습이 신기하지 않나요? 어쩌면 오늘도 우리는 쌀밥 한 공기에서 깊은 이야기를 맛보고 있는지도 모릅니다.

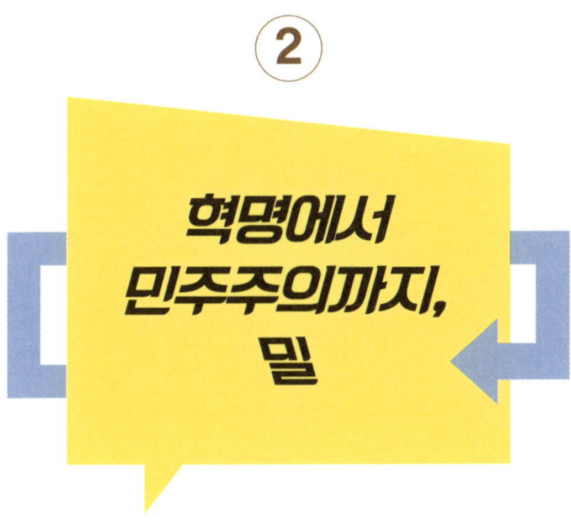

유럽과 북미의 세계적 도시를 가능하게 한 힘

오늘날 유럽과 북아메리카에는 세계적으로 유명한 대도시들이 자리 잡고 있습니다. 유럽의 파리, 런던 그리고 신대륙 아메리카의 뉴욕, 시카고 같은 도시들이 번성할 수 있었던 배경에는 놀랍게도 작은 곡물 한 톨, 밀이 있었습니다. 밀은 단순한 식량 그 이상으로, 서양의 도시 성장과 인구 증가를 뒷받침한 중요한 역할을 했습니다.

앞서 본 쌀 지도와 비교하면, 밀은 더 넓은 지역과 많은 나라에서 재배되는 것을 알 수 있습니다. 몬순 아시아에 집중된 쌀에 비하여, 밀은

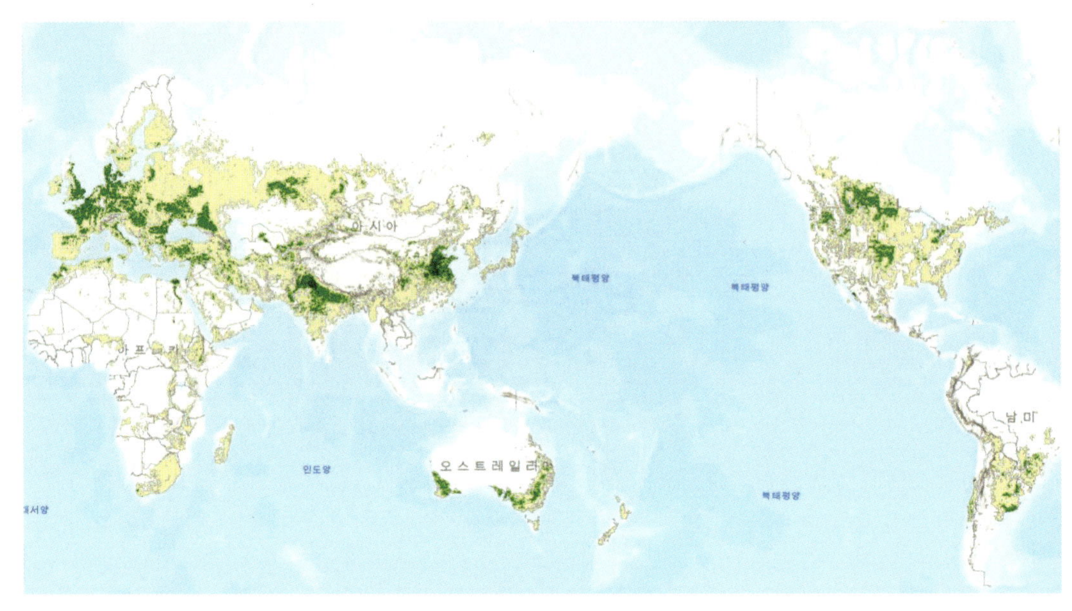

밀 주요 생산지 지도
녹색이 짙을수록 생산량이 많음

출처: FAO 통계로 Our World in data에서 제작

세계 주요 밀 생산국			
생산 순위	국가	밀 생산량(억톤)	세계 비중
1위	중국	1.4	18%
2위	유럽연합	1.2	15%
3위	인도	1.1	14%
4위	러시아	0.8	10%
5위	미국	0.5	7%

출처: 2024 미 농무부 국제생산평가과

유럽과 아메리카, 오세아니아, 아시아의 중국과 인도까지 훨씬 넓은 대륙에서 기르고 있어요. 전 세계 밀 재배면적은 2.2억ha로 쌀의 1.6억ha보다 더 넓어요. 그 이유는 무엇일까요? 밀이 쌀보다 기온이 낮은 지역, 강수량이 적은 땅에서도 자랄 수 있기 때문입니다. 전문적인 용어로 밀을 내한내건성 작물이라고 합니다. 한寒(추위)과 건乾(건조)을 잘 내耐(인내)하는 작물이라는 뜻입니다.

밀이 서양의 주식이 된 까닭

우리가 흔히 먹는 빵은 서양에서는 밥처럼 중요한 주식입니다. 밀은 연평균 강수량이 250~700mm 정도로 적은 강수량에, 평균 기온이 3~30℃인 지역에서 자라므로 쌀보다 넓은 범위의 지역에서 기를 수 있습니다. 북아메리카의 대평원도 비록 비가 많이 오지는 않았지만, 넓고 평탄한 지형과 적당한 강수량 덕분에 대규모 밀 농사가 가능했습니다.

밀은 왜 밥이 아니라 빵으로 만들까요? 만약 쌀밥 짓는 것처럼 밀에 물을 넣고 익히면, 수분 흡수도 잘 안 될 뿐 아니라 찰기 없이 푸슬푸슬해서 식감이 좋지 않습니다. 그래서 밀알을 가루 내어 반죽을 만들고, 효모를 넣어 부풀린 빵이 서양의 식문화에 깊이 뿌리내렸습니다. 프랑스에서는 바게트처럼 바삭한 빵이, 이탈리아에서는 피자와 파스타가, 독일에서는 호밀을 섞은 짙은 색의 빵이 발달했습니다. 빵은 상대적으로 이동이 간편하고 보관도 쉬워, 농민들뿐만 아니라 도시인들까지 모두에게 사랑받는 음식이 되었습니다.

밀은 물이 고인 논을 필요로 하지 않습니다. 적당한 강수량만으로도 자라기 때문에 논을 만들거나 관개 시설, 즉 물을 공급하는 시설을 대규모로 구축할 필요가 없었죠. 밀은 배수가 잘되는 토양에서 특히 잘 자라, 산지와 평지 모두에서 재배가 가능했습니다. 유럽과 북미의 자연환경은 쌀처럼 성장기에 많은 물을 필요로 하는 작물보다는 밀 재배에 더 적합했습니다.

밀은 재배할 때는 노동력이 덜 드는 작물이기도 합니다. "우주 방치 농법", 한국의 충청남도에서 밀을 재배하는 이동형 농부는 인터뷰에서 밀 농사를 가리켜 이렇게 말했습니다. 그만큼 다른 농사보다 일손이 덜

밀 낱알과, 밀가루, 밀이삭

하다는 말이겠지요. 밀은 씨를 뿌리고 일정 시간을 보내면 수확할 수 있어 관리가 간편했습니다. 이 덕에 서양에서는 잉여 노동력과 시간을 가축 사육이나 상업, 공업 같은 다른 산업으로 쏟을 수 있었습니다.

밀가루로 만드는 일에서 산업혁명, 그리고 제국주의까지

밀은 곡물 상태로 섭취하기보다는, 밀가루로 만든 뒤에야 비로소 빵, 파스타, 케이크 등 다양한 음식으로 가공됩니다. 밀알을 가루 내기 위하여 방앗간과 제분소가 필요했고, 이 과정에서 톱니바퀴와 동력 전달 장치의 발달이 필연적이었습니다. 왜 서양에서 산업혁명이 먼저 일어났는지 유추할 수 있는 중요한 단서입니다. 경제 인류학자인 칼 폴라니Karl Polanyi는 『거대한 전환The Great Transformation』에서 밀이 농업에서 공업으로의 산업구조를 변화시킨 주요 작물이라고 주장했습니다.

18세기 후반부터 증기기관을 활용한 대규모 제분 공장이 등장하면서 밀가루 생산은 급격히 증가했습니다. 이는 빵을 대량으로 공급할 수 있는 기반을 마련했으며, 인구 증가를 뒷받침했습니다. 밀가루는 밀알 상태보다 부피가 작아지고 보관이 쉬워져 장거리 운송이 가능했습니다. 철도와 선박 등 교통의 발달과 맞물려 서양인들이 세계로 개척해 나가는 또 다른 원동력이 되었습니다.

19세기에는 유럽의 영국과 프랑스, 독일을 필두로 본격적으로 식민지를 확대했습니다. 세계적인 지리학자인 재레드 다이아몬드Jared Diamond는『총, 균, 쇠Guns, Germs, and Steel』에서 밀 재배의 확대가 유럽 제국주의 국가들의 식민지 확장을 가능하게 했다고 주장하기도 합니다. 밀가루가 만든 빵이 작은 유럽이 세계를 지배하는 제국주의의 '연료'가 되었다고 추론할 수도 있지요. 밀의 섭취 방식이 산업혁명과 제국주의까지 이어짐으로써 세계지도를 바꾸었다고 생각해 본다면 밀이 세상에 미치는 강대한 힘을 느낄 수 있습니다.

밀,
서양 사회의 개인주의를 키운 씨앗

서양 사회를 떠올릴 때 가장 먼저 생각나는 단어는 무엇인가요? 아마도 개인주의와 민주주의일 것입니다. 그런데 이런 가치들이 곡물, 특히 밀에서 비롯되었다는 사실은 많은 사람에게 낯설게 느껴질 겁니다. 협동이 필수적인 쌀농사와 달리, 집단 노동의 필요성이 낮은 밀 농사는 자립적인 농부를 탄생시켰습니다. 사람들은 자신이 가꾼 땅에서 생산한 밀로 빵을 구워 먹으며 스스로의 노력으로 생존할 수 있다는 자부심을 느꼈습니다. 서양에서 개인의 독립성과 자율성을 중시하는 문화가 자리 잡은 배경입니다.

밀은 초기에 소규모 농부들이 주요 생산자였던 만큼, 중앙집권적인 체제보다는 지방 분권적이고 민주적인 정치 구조와 맞닿아 있었습니다.

18세기 후반 미국 독립 혁명과 19세기 프랑스 혁명에서 나타난 시민들의 참여는 개인적이고 독립적인 밀 농업 문화에서 비롯되었다고 해도 지나치지 않습니다. 밀 농업은 대규모 조직이 아닌 개인과 지역 단위의 생산과 유통을 가능하게 했고, 각자의 목소리를 낼 수 있는 민주주의의 싹을 틔우는 데 기여했습니다.

산업혁명 이후 농업 기술이 발달하면서 프랑스, 독일, 영국과 같은 지역에서 대규모의 밀 재배가 가능해졌습니다. 이와 동시에 북미의 대평원에서도 많은 이민자가 밀 농사를 통해 새로운 삶을 시작했습니다. 19세기 미국 서부 개척 시대, 농민들은 각자의 땅에서 밀을 재배하며 자유로운 삶을 꿈꿨습니다. 자신이 직접 가꾼 땅에서 나는 곡식은 곧 자립과 독립의 상징이었습니다. "내 힘으로 내 땅에서 기른 밀은 내 것이다"라는 생각이 개인의 권리와 재산권에 대한 개념을 확립했고 세상의 변화를 이끌어 온 것이 아닐까요?

밀과 시민혁명, 모두를 위한 빵

밀은 또한 서양 사회에서 민주주의의 씨앗이 되었습니다. 빵은 서양에서 가장 기본적인 음식이었고, 이를 만들기 위한 밀은 모든 계층에게 필수적인 곡물이었습니다. 만약 빵이 부족하거나 밀값이 비싸지면 사회적 불만이 폭발했습니다. 대표적인 사례가 프랑스 혁명입니다. 1789년 프랑스 혁명이 일어나기 전 몇 년 동안 가뭄, 홍수와 흉년이 이어져 프랑스에서는 밀가루 부족으로 빵값이 급등했고, 이는 민중의 분노로 이어졌습니다. 물론 당시 왕정이라는 사회 제도, 전쟁으로 인한 국가 재정 파탄도 프랑스 혁명의 주요 원인입니다. 그럼에도 사람들이 목숨을 걸고 싸우게 된 방아쇠는 배고픔, 즉 빵이었다고 할 수 있습니다. 당시 사람들은 "우리는 빵을 요구한다!"며 거리로 나섰고, 이는 왕정을 무너뜨리고 민주주의로 가는 길을 열었습니다.

오늘날에도 밀은 서양의 식탁에서 가장 중요한 자리를 차지합니다. 빵과 파스타, 피자는 단순한 음식이 아니라, 서양 사회의 독립성과 민주주의 정신을 상징합니다. 밀로부터 시작된 개인주의와 민주주의는 서양

"시민들이 파리의 바스티유 감옥을 습격할 때 빵을 만들 밀을 찾으려는 목적도 있었다."
-호주 역사문학가Una McIlvenna(2019)

사회를 형성한 기본적인 가치가 되었죠. 빵이나 파스타를 먹을 때, 그 음식이 단순한 먹거리가 아니라 서양의 자연과 사람들이 만든 특별한 역사와 철학을 담고 있다는 것을 떠올려 보세요. 밀 한 톨이 만든 자유와 독립의 이야기는 지금도 계속되고 있습니다.

밀의 마법:
쫄깃한 빵을 만드는 글루텐의 과학

빵의 쫄깃한 식감, 크로와상의 부드러운 결, 바게트의 바삭한 겉과 폭신한 속살. 이 모든 매력은 밀에 함유된 글루텐Gluten 덕분입니다. 라틴어로 '풀, 접착제'를 의미하는 글루텐은 빵의 식감을 결정하는 핵심 요소입니다. 글루텐은 밀뿐만 아니라 보리, 호밀에도 포함된, 물에 녹지 않는 단백질로 반죽을 끈끈하게 만드는 역할을 합니다.

글루텐은 글루테닌과 글리아딘이 결합하여 형성됩니다. 밀가루에 물을 섞고 반죽을 치대면, 두 단백질이 얽혀 탄력 있는 구조를 만들며, 이 구조는 반죽이 부풀면서 이산화탄소를 가둬 빵을 폭신하게 만듭니다. 반죽을 치댈수록 글루텐 조직이 더욱 촘촘하고 강해져 빵의 쫄깃한 식감과 부드러운 조직이 형성됩니다. 글루텐이 없다면 빵은 쉽게 부스러지거나 퍽퍽해질 것입니다.

밀가루는 글루텐 함량에 따라 강력분, 중력분, 박력분으로 구분합니다. 강력분은 글루텐 함량이 많아 쫄깃한 빵에 적합하고, 박력분은 글루텐 함량이 적어 바삭한 과자나 케이크를 만드는 데 사용합니다. 중력분은 이 둘의 중간으로, 가장 일반적으로 쓰입니다.

지역에 따라 밀가루의 글루텐 함량과 특성이 달라 다양한 빵이 탄생했습니다. 예를 들어, 미국 중서부에서 재배된 밀은 글루텐 함량이 높아 쫄깃한 빵에 적합한 반면, 프랑스산 밀은 글루텐 함량이 낮아 바삭한 바게트와 페이스트리에 적합합니다. 이에 따라 세계 각국에서 독자적인 빵 문화가 형성되었습니다. 프랑스의 바게트, 이탈리아의 피자, 독일의 호밀빵, 미국의 부드러운 식빵까지 모든 빵은 글루텐이 만들어낸 걸작입니다. 빵을 한입 베어 물 때, 그 식감이 단순한 반죽이 아닌 글루텐의 마법 덕분임을 떠올려 보는 것도 좋을 것 같습니다.

밀가루를 반죽하는 장면
반죽을 많이 할수록 글루텐 구조가 촘촘해지고 탄력이 강화된다

밀의 기원은 약 1만 년 전으로 거슬러 올라갑니다. 지금의 이라크와 시리아, 터키를 포함한 비옥한 초승달 지대에서 사람들이 처음으로 야생 밀을 가져다 재배하기 시작했습니다. 이 지역은 티그리스강과 유프라테스강이 흐르는 비옥한 평야로, 밀 재배에 이상적인 환경이었죠. 밀 농사가 시작되면서 사람들은 처음으로 정착 생활을 시작했고, 우르와 바빌론 같은 도시가 탄생했습니다. 비옥한 초승달 지대는 세계 최초의 문명 탄생지로 기록되었고, 밀은 그 중심에 있었습니다.

밀은 서서히 유럽과 아시아로 퍼졌습니다. 유럽의 온화한 기후와 비

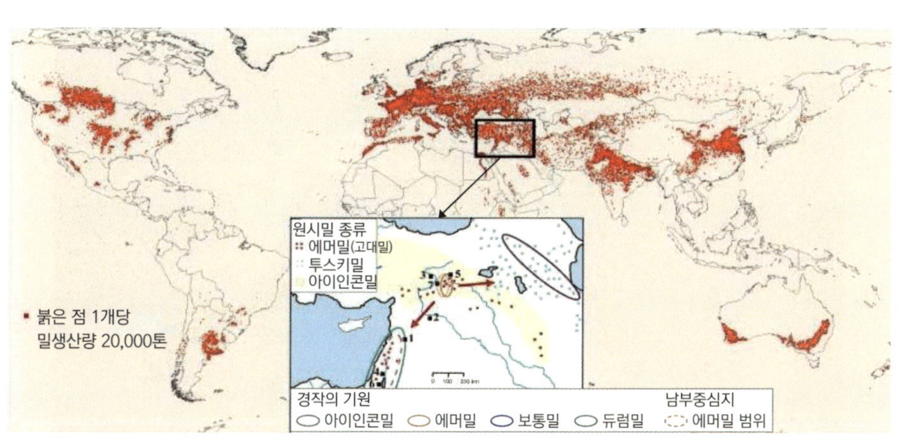

세계의 주요 밀농업 지역(빨간 점)
가운데 확대 지도(터키에서 이라크에 이르는 지대)가 밀 농업의 기원지인 '비옥한 초승달 지대'

출처: Jan Dvorak(2007)

옥한 토양은 밀 재배에 적합해서, 로마 제국은 밀을 통해 거대한 제국을 유지했습니다. 로마는 북아프리카와 중동에서 생산된 밀을 수입해 시민들에게 무료로 배급했는데, 이 정책 덕분에 로마는 안정적인 사회를 유지할 수 있었습니다. 아시아에서도 인도 북서부와 중앙아시아에서는 밀가루로 만든 납작한 빵(난)이 주식이 되며, 지역적 특색을 더해갔습니다.

밀의 여정은 신대륙에서도 계속되었습니다. 유럽 출신의 개척자들은 밀을 북미로 가져갔고, 북미 대평원은 세계적인 밀 생산지가 되었습니다. 내한내건성(추위와 건조함을 견디는 성질) 작물인 밀은 아메리카의 넓은 평야에서도 번성했습니다. 19세기 미국 서부 개척 시대, 이민자들은 밀 농사를 통해 새로운 삶을 시작했죠. 캐나다 역시 추운 기후임에도 봄

콤바인이라는 기계로 밀을 수확하는 모습

밀 재배로 잘 알려져 있습니다. 봄에 씨를 뿌리고, 여름 동안 자란 뒤 가을에 수확하는 밀을 봄밀이라고 합니다. 이 지역에서 생산된 밀은 세계 각지로 수출되고 있습니다. 오늘날 북미의 밀 농장은 기계화를 통한 대량 생산으로 세계 밀 시장을 지배하고 있습니다.

밀은 교역과 전쟁, 식량 정책에서 중요한 역할을 했습니다. 고대 상인들이 실크로드를 오갈 때나 탐험가들이 새로운 땅을 발견할 때 저장성 좋은 밀이 식량원이었고, 제2차 세계대전에서도 군대의 식량으로 사용되며 전쟁의 승패에 영향을 미쳤습니다. 미국은 유럽의 연합국에 대규모 밀을 지원해 전쟁을 승리로 이끄는 데 기여했습니다. 오늘날 세계 무역에서도 밀은 여전히 세계 식량 교역에서 중요한 위치를 차지합니다. 러시아와 우크라이나는 주요 밀 수출국으로, 요즘 벌어지고 있는 이 지역의 갈등은 세계 밀 가격에 큰 영향을 미치고 있습니다.

밀은 단순한 곡물이 아니라, 사람과 문명을 연결하고 세계지도를 다시 그린 중요한 열쇠였습니다. 밀의 경로를 따라가다 보면 인류가 정착하고 도시를 세우며 문명을 발전시킨 과정을 이해할 수 있습니다. 밀 한 톨에 담긴 이야기는 지금도 세계의 지도를 다시 그리고 있습니다.

달콤하게 구운 옥수수, 버터를 바른 콘버터, 그리고 영화관에서 빠질 수 없는 팝콘은 흔히 볼 수 있는 음식입니다. 옥수수는 간식을 넘어 세계인의 삶과 식탁을 풍성하게 만드는 중요한 곡물입니다. 옥수수가 어떻게 우리 삶 속에서 다양한 모습으로 사랑받고 있는지 살펴보겠습니다.

옥수수는 전 세계 총생산량이 약 12억 톤으로, 쌀이나 밀보다 많습니다. 그 배경으로는 우선 재배 기간에서 차이가 있습니다. 벼는 수확까지 90~180일이 걸리고, 밀은 120~240일이 소요되지만, 옥수수는 비교적 짧은 90~150일 만에 수확이 가능합니다. 쌀이나 밀보다 생육조건이 까다롭지 않아서 세계적으로 더 넓은 지역에서 기를 수 있습니다.

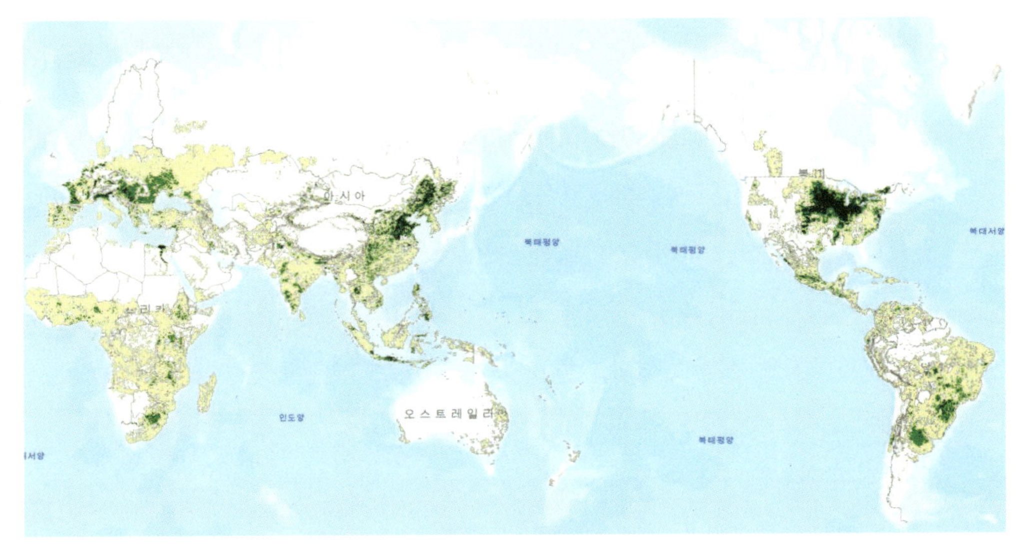

옥수수 주요 생산지 지도
녹색이 짙을수록 생산량이 많음

출처: FAO 통계로 Our World in data에서 제작

세계 주요 옥수수 생산국			
생산 순위	국가	옥수수 생산량(억톤)	세계 비중
1위	미국	3.8	32%
2위	중국	2.9	24%
3위	브라질	1.3	10%
4위	유럽연합	0.6	5%
5위	아르헨티나	0.5	4%

출처: 2024 미 농무부 국제생산평가과

옥수수는 중남미의 고온다습한 환경, 미국 대평원의 넓은 평야, 아프리카의 건조한 사바나 지역 등 어지간한 환경에서도 자랄 수 있는 강인한 곡물입니다. 쌀과 밀은 수확 후 탈곡과 도정 과정을 반드시 거쳐야 하지만, 옥수수는 이런 추가적인 과정이 꼭 필요하지는 않습니다.

옥수수는 다양한 요리로 변신하며 전 세계인의 사랑을 받는 식재료입니다. 멕시코에서는 옥수수가 요리의 중심을 이룹니다. 옥수수로 만든 토르티야는 멕시코인의 주식으로, 타코나 브리또 같은 대표적인 요리의 기본 재료로 사용됩니다. 옥수수는 단순한 식재료를 넘어 멕시코 음식 문화의 중요한 한 축을 담당하고 있습니다.

미국에서는 중서부 평야 지역이 "옥수수 벨트"라고 불릴 정도로 옥수수 생산이 활발합니다. 이곳에서 생산된 옥수수는 팝콘이나 시리얼처럼

미국의 콘 벨트Corn belt 지역에서 수확 후 탈곡하는 모습

토르티야(왼쪽 위), 팝콘(오른쪽 위),
우갈리(아래)

간편하게 즐길 수 있는 간식뿐 아니라, 고기 생산을 위한 사료로도 널리 활용됩니다. 옥수수는 미국인의 일상과 농업의 핵심 요소라 할 수 있습니다.

아프리카에서도 옥수수는 중요한 주식으로 자리 잡고 있습니다. 특히 동아프리카 지역에서는 '우갈리Ugali'라는 옥수수 반죽 요리가 많은 사랑을 받고 있습니다. 아래 사진 속 우갈리(흰색)는 그 자체로는 특별한 맛이 나지 않아 야채 등과 함께 먹는 아프라카의 대중 음식입니다. 또한 죽이나 빵 형태로도 소비되며, 이 지역 사람들의 주요 에너지원이 되고 있습니다.

한국에서도 옥수수는 친숙한 음식 재료입니다. 여름철 간식으로 즐기는 찐 옥수수부터 콘버터와 옥수수 수프 같은 요리까지, 다양한 형태로 소비되고 있습니다. 옥수수는 한국인들에게 계절과 상관없이 사랑받는 식재료입니다. 세계인의 식탁을 풍성하게 하는 중요한 존재라는 점을 떠올려 보세요. 접시에 담긴 옥수수 한 톨에는 신대륙에서 시작된 긴 여정과 전 세계를 연결한 이야기가 담겨 있습니다.

아메리카에서 유럽과 세계로

옥수수에는 세계의 역사를 바꾼 여정이 숨어 있습니다. 옥수수는 신대륙에서 시작된 곡물로, 발견 이후 전 세계로 퍼지며 사람들의 식탁과 생활을 변화시켰습니다. 옥수수 한 톨이 세계를 바꾼 이야기를 따라가 볼까요? 옥수수는 약 9,000년 전, 지금의 멕시코 지역에서 처음 재배되었습니다. 당시 사람들은 테오신테Teosinte라는 작은 야생 곡물을 개량해 오늘날의 옥수수를 만들어냈습니다.

옥수수의 원산지는 중남미입니다. 아즈텍과 마야 문명에서는 옥수수가 신성한 곡물로 여겨졌습니다. 그들에게 옥수수는 생명을 주는 존재였고, 인간은 옥수수 반죽으로 만들어졌다는 신화가 전해질 만큼 중요한 의미를 가졌습니다.

옥수수가 세계로 확산한 결정적인 계기는 1492년 콜럼버스의 신대륙 발견이었습니다. 유럽 탐험가들이 아메리카 대륙을 발견한 이후, 그들은 이곳에서 자라는 새로운 작물들에 주목했습니다. 콜럼버스는 옥

테오신테(맨 위),
테오신테-옥수수 잡종(가운데),
옥수수(맨 아래)
출처: John Doebley(1995)

수수를 유럽으로 가져갔고, 이후 옥수수는 "콜럼버스의 교환Columbian Exchange"이라 불리는 대규모 교류의 일환으로 전 세계로 퍼지게 되었습니다. 유럽 사람들은 처음에 옥수수를 낯설게 여겼지만, 곧 그 가치에 눈을 떴습니다. 옥수수는 생산량이 많고 가뭄에도 강하며 다양한 요리에 활용할 수 있었습니다. 이탈리아와 스페인에서는 옥수수가 주식으로 자리 잡으며 옥수수로 만든 죽 '폴렌타Polenta'가 인기를 끌었습니다.

옥수수는 단순히 농업과 식문화를 변화시키는 데 그치지 않고, 현대 사회의 경제와 환경에도 깊은 영향을 미쳤습니다. 이 작은 곡물은 다양한 용도로 활용되며 전 세계적으로 중요한 자원으로 자리 잡았습니다. 가축 사료로 사용되며 축산업의 기반을 형성하고 있습니다. 또한, 환경을 고려한 대체 에너지인 바이오에탄올의 주요 원료로도 활용되며, 현대 산업에서 없어서는 안 될 자원이 되었습니다. 이러한 다목적 사용 덕분에 옥수수는 단순한 식량을 넘어 산업 전반에 걸친 핵심 요소로 자리 잡고 있습니다.

아메리카에서 옥수수 재배의 전파 지도

출처: Vermont Tortilla Company

옥수수는 신대륙에서 시작된 작은 곡물이었지만, 이제는 세계인의 삶을 지탱하는 필수 작물이 되었습니다. 기후 변화와 식량 위기 속에서도 옥수수는 가뭄에 강한 특성과 높은 생산성 덕분에 미래 식량으로 주목받고 있습니다. 다음에 옥수수를 먹을 때, 그 한 톨이 중남미의 밀림에서 시작되어 세계로 퍼진 놀라운 여정을 떠올려 보세요. 접시에 담긴 옥수수는 단순한 간식이 아니라, 세계를 연결하고 바꾼 이야기의 주인공이니까요.

2장
기호작물의
세계

기호작물은 사람들이 맛과 향 등 기호적 특성을 이유로 재배하고 소비하는 작물입니다. 차, 커피, 카카오뿐만 아니라 후추, 계피, 바닐라, 고추 같은 향신료 작물과 마테, 구아라나 같은 특수 음료 작물이 포함됩니다. 아보카도는 식량 작물의 성격이 강하지만, 최근 기호적 측면이 부각되면서 넓은 의미에서 기호작물로 분류되기도 합니다.

기호작물은 식량 작물과 달리 생존에 필수적이지 않지만, 문화적·경제적으로 큰 영향을 미칩니다. 차와 향신료 같은 기호작물은 다도 문화 발전과 특정 향신료를 활용한 독특한 요리 발달에 기여해 왔습니다. 커피와 카카오는 주요 수출 품목으로 국제 무역에서 중요한 위치를 차지하고 있습니다.

이와 같이, 기호작물은 우리의 문화와 생활 습관뿐만 아니라 세계 각국의 전통과 정체성 형성에도 기여하며, 경제적으로도 큰 영향을 미칩니다. 하지만 이러한 기호작물은 환경 파괴, 노동 착취, 공정무역 논란, 국제 가격의 변동성과 같은 문제를 동반하기도 합니다.

이번 장에서는 대규모 산업으로 성장한 커피와 카카오, 그리고 최근 슈퍼푸드로 주목받으며 소비가 급증한 아보카도에 대해 살펴보며, 기호작물이 우리의 문화와 사회에 미치는 다양한 영향에 대해 알아봅시다.

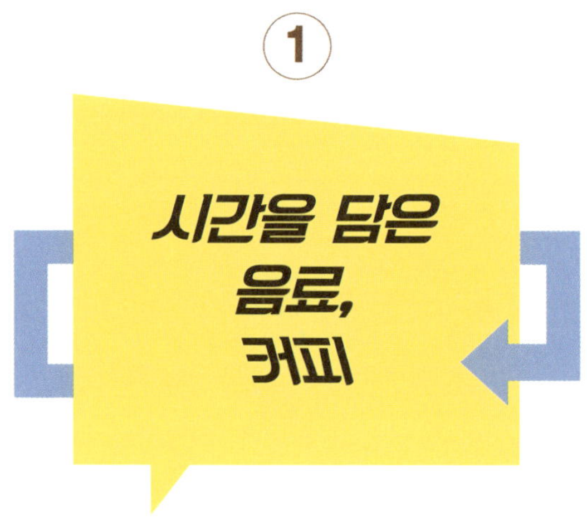

아프리카 고원지대 출신,
커피

커피의 기원과 관련된 가장 널리 알려진 이야기는 '목동 칼디와 춤추는 염소Kaldi and his dancing goats'입니다. 이 이야기는 여러 버전이 존재하지만, 공통된 내용을 정리하면 커피는 에티오피아 남서부의 고원지대, 특히 카파kaffa 지역에서 자생하다 염소 목동 칼디에 의해 세상에 알려졌다는 것입니다.

9세기경, 에티오피아의 염소 목동 칼디는 염소들이 어떤 나무의 빨간 열매를 먹고 유난히 활기가 넘치고 날뛰는 것을 보고 놀랐다고 합니다. 호기심이 발생한 칼디도 그 열매를 먹어보았는데, 머리가 맑아지고 기분이 상쾌해지는 것을 느껴 그 열매를 주머니에 가득 담아 마을의 종교 지도자에게 알렸고 종교 지도자는 그 빨간 열매를 말리고 물에 넣고 끓여, 밤새도록 종교의식을 거행해야 할 때 마셨다고 합니다. 그리고 이러한 효능을 보려는 사람들이 늘어나면서 널리 퍼져나갔다는 것입니다.

이 이야기는 기록으로 남은 문헌이 아니라 입에서 입으로 전해 내려오는 전설이기 때문에, 지역이나 문화에 따라 다양한 버전이 존재합니다. 어떤 이야기에서는 염소 대신 낙타지기가 등장하기도 하고, 주인공이 에티오피아 사람이 아니라 예멘 사람으로 나오기도 합니다. 그래서 이 이야기는 실제 역사라기보다는 커피가 어디서 시작되었는지를 상징

익은 커피콩을 품은 커피나무

에티오피아의 커피 생산지

적으로 보여주는 민속적인 설명이라고 볼 수 있습니다. 이런 전설들을 통해, 커피가 아프리카의 고원지대나 아라비아 지역에서 처음 시작되었을 가능성이 있다는 것을 짐작할 수 있습니다.

과학기술이 발전하면서, 2000년대 이후 유전자 분석을 통헤 이리비카 커피가 에티오피아 남서부 고산지대에서 유래했다는 사실이 밝혀졌습니다.

이제 아프리카 출신의 커피가 세계 곳곳을 누리며 인기를 얻는 과정에 관해 이야기해 볼까요?

커피는 상업과 여행을 통한 문화 교류로 서아시아와 유럽으로 전파되었습니다. 15세기 예멘의 수피Sufi 수도사들에 의해 기도와 명상을 돕는 음료로 사용되기 시작했으며, 이후 아라비아 반도와 이슬람권 전역으로 퍼져 나갔습니다. 커피 음료가 유행하면서 1500년경 이슬람교 상징 도시인 메카에 초기의 커피하우스 '카흐베하네가' 등장하면서 많은 사람이 모이기 시작했습니다. 커피하우스의 등장으로 커피는 종교적 의미에서 사회적·정치적 만남을 주선하는 음료로 그 의미가 확장되었습니다.

유럽으로의 전파는 16세기 이슬람 문화권을 여행한 유럽 상인들에 의해 이루어졌습니다. 이탈리아 항구 도시인 베네치아를 통해 유럽으로 첫발을 딛게 된 커피는 17세기 초 유럽 여러 나라에 알려지게 되었습니다. 영국에는 1650년대, 암스테르담과 헤이그에는 1660년대에 커피하우스가 등장했습니다.

17세기 중반에는 네덜란드 상인에 의해 미국의 뉴욕으로 전해졌습니다. 전파 초기에는 미국에서 큰 인기를 끌지 못했지만, 1971년 시애틀에 스타벅스가 문을 열면서 고급 커피 문화가 소개되기 시작하고, 1980년대 후반 스타벅스가 커피 전문점으로 성장하면서 커피는 미국에서 대중적인 음료로 자리 잡게 되었습니다.

<h1 align="center">커피,
너의 이름은?</h1>

앞에서 언급된 것처럼 커피의 기원지는 에티오피아의 카파 지역입니다. 원산지인 카파Kaffa가 커피로 불리게 된 어원적 기초를 제공했다고 볼 수 있습니다. 커피가 아라비아로 전파되게 되면서 '카흐와qahwa'라는 아라비아 단어로 불리게 됩니다. 원래는 알코올 음료를 가리키던 말이지만, 각성 효과를 가진 커피를 지칭하는 단어로도 쓰이게 되었습니다. 이후, 튀르키예로 넘어가며 '카흐와'는 터키어인 '카베Kahve'로, 다시 유럽으로 넘어가며 '카베'가 이탈리아어인 '카페caffè', 프랑스어인 '카페café', 그리고 영어인 '커피coffee'로 정착하게 됩니다.

커피의 세계화

1970년대 이후 스타벅스와 같은 대형 커피 체인점의 등장으로 프랜차이즈, 테이크아웃 등 현대적 형태의 글로벌 커피 소비문화가 형성되었습니다. 이러한 배경에는 제1, 2차 세계대전을 거치며 미국과 유럽에서 각성 효과를 위해 군인들을 중심으로 일상적으로 커피를 소비하던 것이 습관처럼 이어진 결과이자, 도시화가 가속화되면서 바쁜 도시인들에게 각성 효과와 만남의 장을 제공하는 필수 음료가 되었기 때문입니다. 또한 20세기 중반 이후 대중문화를 반영한 커피 광고와 라테·카푸치노 등 다양한 키피 음료의 표준화는 커피 문화의 확산에 영향을 미쳤습니다.

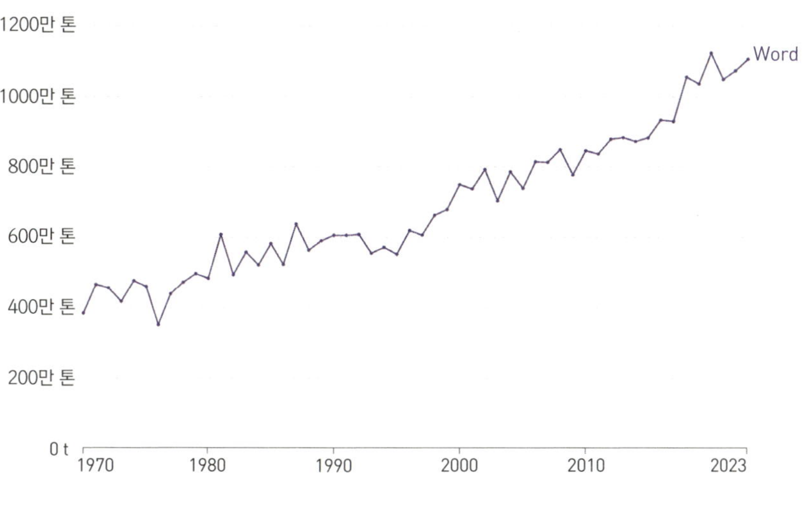

1970년부터 2023년까지 커피콩 생산량 변화

출처: FAO 통계로 Our World in data에서 제작

스타벅스가 등장하기 시작한 1970년부터 2023년까지 커피콩 생산량을 보면 커피가 얼마나 인기 음료가 되었는지 확인할 수 있습니다. 커피의 문화적 확산이 이루어진 2000년부터 10년 단위로 커피 생산 국가 상위 5개국을 살펴보면 대부분 적도 주변의 열대기후 지역이라는 것을 확인할 수 있습니다. 2023년 커피 생산량 상위 5개국도 기존 생산국과 큰 변화가 없습니다. 다만, 커피 수요자들의 요구에 맞춰 생산량이 증가

생산 순위	2000년		2010년		2020년	
	국가	생산량(T)	국가	생산량(T)	국가	생산량(T)
1위	브라질	1,903,562	브라질	2,907,265	브라질	3,705,719
2위	베트남	802,500	베트남	1,105,700	베트남	1,763,476
3위	콜롬비아	637,140	인도네시아	684,076	콜롬비아	833,400
4위	인도네시아	554,574	콜롬비아	535,380	인도네시아	762,380
5위	코트디부아르	380,000	에티오피아	370,569	에티오피아	584,790

커피콩은 아직 로스팅 되지 않은 커피 씨앗(콩)임

출처: FAO

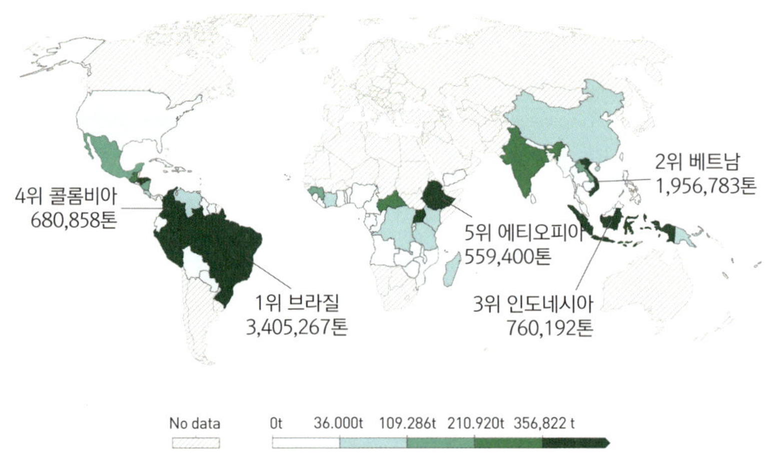

출처: FAO 통계로 Our World in data에서 제작

히고 있을 뿐입니다.

모카의 뿌리:

예멘에서 시작된 커피 이야기

혹시 모카커피와 모카빵을 들어봤나요? 흔히 우리는 초콜릿이 첨가된 달콤한 맛이 나는 커피를 모카커피라고 부르고, 커피 맛과 향이 나는 빵을 모카빵이라고 이야기합니다. 그리고 갈색 털을 가진 반려동물에게 모카라는 이름을 붙여주기도 합니다. 우리에게 친숙한 '모카Mocha'는 무엇을 의미할까요?

커피콩과 커피

'모카'는 바로 예멘 국가의 지역 항구 이름입니다. 15세기 중엽부터 이슬람 세계의 중요한 무역 중심지였던 예멘은 주변 국가에서 '행복한 아라비아'라고 부를 만큼 번성한 국가였습니다. 이렇게 불리게 된 배경에는 바로 커피 수출의 핵심 거점이었던 모카항이 있었습니다.

17세기 후반에서 18세기 초반까지, 에티오피아와 예멘 내륙에서 생산된 커피는 대부분 모카항을 통해 수출되었습니다. 예멘 지역에서 생산된 원두는 가공 방식 덕분에 계피, 후추 등 향신료를 섞은 듯한 향과 과일향, 초콜릿 향이 어우러진 복합적인 향과 맛을 가지고 있습니다.

당시, 모카항을 통해 수출된 커피가 세계적으로 가장 널리 유통되면서, 많은 나라에서 '모카'라는 단어는 '커피'를 뜻하는 말처럼 쓰이게 되었습니다. 즉, 모카항을 통해 수출된 예멘 커피가 '모카'라는 명칭으로

1692년 모카항

출처: 위키피디아

불리게 되었고, 나중에는 예멘 커피의 특징적인 초콜릿 향을 실러, 초콜릿이 들어간 커피 음료를 '모카커피'라고 불리게 된 것입니다.

하지만, 커피 무역의 중심지였던 모카 지역은 18세기 들어 커피 재배 지역의 확장과 무역 변화, 종교 전쟁 등의 영향으로 점차 쇠퇴하기 시작했습니다. 값싼 자바 커피의 확산과 카리브해에서의 폭발적인 생산 증가로 점차 영향력을 잃어가던 모카 항은, 1869년 수에즈 운하가 개통되면서 결국 커피 무역의 중심지로서의 역할을 완전히 상실하게 되었습니다. 이제는 모카항을 거치지 않고도 유럽으로 커피를 쉽게 수출할 수 있게 된 것입니다.

1970년대 이후 커피 산업이 세계적으로 성장하고, 1990년대에는 커피 소비가 대중화되면서 예멘 또한 커피 생산지로서의 명성을 회복하고자 했습니다. 그러나 2014년 본격화된 내전으로 인해 그 목표를 이루기까지는 오랜 시간이 걸릴 것으로 보입니다. 오늘날 우리의 기억 속에 '예멘'은 내전을 피해 2018년 제주에 도착한 난민들로 먼저 기억되고 있습니다. 한때 커피 생산과 무역의 중심지였던 예멘이, 이제는 전쟁과 난민의 나라로 기억되는 것은 안타까운 현실입니다.

커피의 쓴맛,
흑인 노예 노동의 유산

유럽의 식민지 확장이 본격화된 17세기 후반, 자메이카, 쿠바 등 카리브

해 지역과 브라질에서는 아프리카에서 강제로 끌려온 흑인 노예들이 대
규모로 커피 재배에 투입되었습니다. 19세기 초 대서양 노예무역이 공
식적으로 금지되었지만, 카리브해와 브라질 등에서는 노예제가 여전히
지속되었습니다. 특히, 브라질에서는 1888년이 되어서야 노예제가 공
식 폐지되었습니다. 브라질에서 노예제가 폐지되기 전까지, 커피 플랜테
이션은 대표적인 노예 노동 착취 산업 중 하나였습니다.

하지만, 21세기인 지금도 흑인 노동자들은 저임금 노동에 종사하며
빈곤과 착취의 악순환에서 벗어나지 못하고 있습니다. 이는 법적으로는
노예제가 폐지되었지만, 실질적으로는 강제적인 경제적 예속 상태가 지

커피 농장

속되고 있음을 의미합니다. 농장주에게 빚을 지고, 이를 갚기 위해 낮은 임금으로 계속 일할 수밖에 없는 구조에서 벗어나지 못하고 있는 것이지요. 흑인 노동자들은 자신들의 노동력으로 세계적인 커피를 생산하지만, 정당한 보상을 받지 못한 채 착취당하고 있습니다.

이에 대한 자세한 이야기는 3장 식량 불평등과 농업 문제에서 자세히 다루어보도록 하지요.

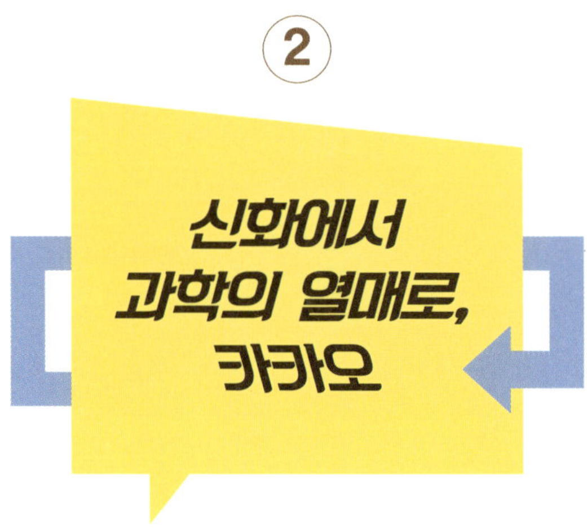

Climateflation이라는 용어를 들어본 적 있나요?

이 용어는 기후 변화로 인해 농작물 생산이 감소하고, 그 결과 식료품 물가가 상승하는 현상을 뜻합니다. 이 기후플레이션은 여러분이 스트레스를 받을 때나 시험 기간에 더 자주 찾게 되는 초콜릿과도 관련이 있습니다.

초콜릿을 만들기 위해서는 카카오나무를 재배해야 합니다. 카카오나무 열매의 씨앗을 발효하고 말린 것이 카카오 콩입니다. 이 카카오 콩을 가공하여 분쇄한 것이 코코아 가루이며, 여기에 코코아 버터, 우유, 향신료 등을 넣고 굳힌 것이 초콜릿입니다. 그러나 이상 기후 현상으로 인해 카카오 생산에 문제가 발생하고 있습니다.

카카오는 중남부아메리카가 원산지인 작물이지만, 현재는 서아프리카가 주요 생산지입니다. 초콜릿의 원료인 카카오는 기후에 따라 품질과 수확량이 크게 영향을 받습니다. 10℃ 이하로 떨어지거나 35℃ 이상으로 올라가는 극단적인 기온에서는 스트레스를 받아 성장에 어려움을 겪습니다. 또한, 카카오나무가 건강하게 성장하려면 연간 1,500~2,500mm의 강수량이 필요합니다. 이 모든 조건을 충족하는 기후는 바로 열대기후입니다. 2023년 자료에 따르면, 카카오 생산량 상위 5개 국가는 다음 장에 제시된 지도와 같습니다. 카카오 생산국 대부분이 적도 주변의 열대기후 지역에 위치하고 있음을 볼 수 있습니다.

카카오 나무와 열매

카카오를 주원료로 만든 초콜릿

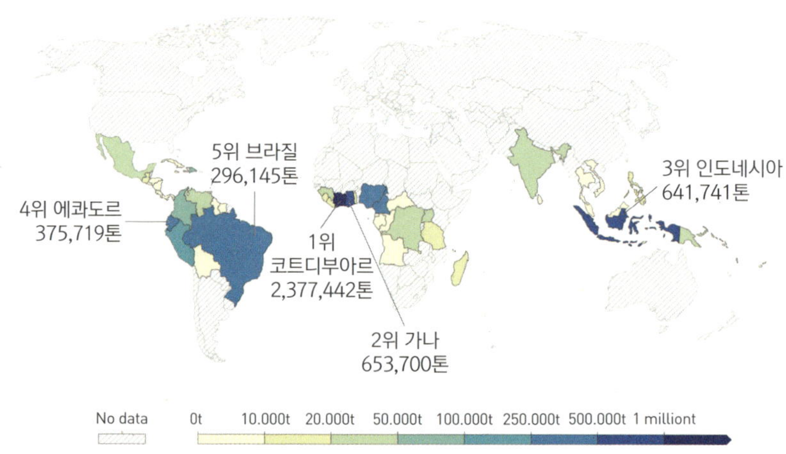

2023년 카카오 콩 생산량 상위 5개국

출처: FAO 통계로 Our World in data에서 제작

초콜릿의 원료가 되는 카카오는 다양한 품종이 있습니다. 카카오 품종에 따라 초콜릿 맛이 달라진다고 하는데요. 광범위한 범주로 카카오를 구분하면 '고급종'과 '일반종'으로 구분할 수 있습니다.

가장 유명한 품종은 포라스테로Forastero, 크리올로Criollo, 트리니타리오Trinitario가 있습니다. 이중 포라스테로는 일반종, 크리올로, 트리니타리오가 고급종입니다.

〈포라스테로 종〉

- 원산지 : 남아메리카 아마존 분지 지역(브라질과 페루 지역)
- 특징 : 포라스테로forastero는 스페인어로 외지인이라는 뜻임. 크리오요 종이 재배되던 지역 밖에서 들어온 품종이라는 의미에서 붙여진 이름이라고 함. 전 세계 카카오 생산량 약 80% 이상 차지함. 주로 코트디부아르, 가나, 나이지리아 등 서아프리카와 브라질 등의 남미, 인도네시아 말레이시아 등의 동남아시아에서 재배되는 종으로 품질이 낮은 것으로 간주됨. 병충해에 강하고 재배가 쉬워 수확량이 높아, 경제성이 좋음. 맛은 비교적 쓴맛이 강하고 향이 단순함. 그래서 대량 생산용 초콜릿이나, 코코아 파우더에 생산된다고 함.

〈크리올로 종〉

- 원산지 : 중앙아메리카 지역 및 멕시코
- 특징 : 전 세계 카카오 생산량의 5% 정도 차지. 마야 문명에서 신성한 식물로 여겨져 종교의식에 사용되었다고 함.

가장 고급스러운 종으로 생산량이 적음. 병에 취약해 거의 재배가 되지 않음. 18세기 중반까지 시장을 장악했지만, 오늘날에는 순수한 크리올로 나무 몇 그루만 남아 있다고 함. 오늘날에는 베네수엘라가 대표적 산지로 유명함.

〈트리니타리오 종〉

● 원산지 : 트리니다드 섬에서 처음 개발된 품종

● 특징 : 크리올로Criollo와 포라스테로Forastero의 교배종
전 세계 카카오 생산량의 10~20%를 차지함. 독특한 맛과
향으로 프리미엄 초콜릿의 주 원료로 사용됨. 처음 트리니다드
섬에서 재배가 시작되어 베네수엘라로 퍼졌고, 그 이후 에콰도르, 카메룬, 사
모아, 스리랑카 등으로 퍼짐.

그리고 요즘에 언급되고 있는 새로운 품종이 있습니다.

〈나시오날 종〉

● 원산지 : 아마존 저지대와 안데스 산지 사이 지역, 주로
에콰도르에서 자생하는 고유 품종

● 특징 : 2011년 페루에서 유전적으로 순수한 나시오날 품종이
재발견됨. 현대 유통되는 나시오날은 대부분 혼종이며, 순수 혈통
은 매우 희귀함. 잘 알려지지 않은 희귀한 카카오로 품질이 뛰어남. 나시오날
카카오로 만든 초콜릿은 진하고 쓴맛이 거의 없으며, 과일 향이 나고 견과류
같은 부드러운 맛이 남.

카카오 품종의 지리적 분포

출처: icco

카카오,
너의 이름은?

카카오Cacao는 중앙아메리카 원주민의 언어에서 유래된 것으로 알려져 있습니다. 이 단어는 마야와 아즈텍 문명에서 사용된 고대 언어에서 유래했습니다. 마야인들은 카카오나무를 'Ka'kau'라고 불렀으며, 이를 신성한 식물로 여겨 음료로 가공해 종교적 제사, 귀족의 결혼식, 장례, 전투 준비 등 다양한 사회적 의식에 사용했다고 합니다.

아즈텍의 언어인 나우어틀어에서 카카오는 '카카우아틀Cacahuatl'이라고 불렀습니다. 이 단어에서 '카카우'는 카카오를, '아틀'은 물을 의미합니다. 아즈텍인들은 카카오를 갈아서 물, 옥수수, 향신료와 섞어 '카카우아틀'이라는 쓴 음료를 만들어 마셨다고 합니다.

쓴맛에서 달콤함으로

16세기, 아즈텍 제국을 정복한 에르난 코르테스가 코코아 씨앗과 음료 도구를 스페인으로 가져왔다는 기록이 있습니다. 이때, 카카오는 아즈텍에서 부와 권력의 상징이며, 황제가 자주 마시는 음료로 소개되면서 유럽 왕실과 귀족들 사이에서 인기를 끌었습니다. 하지만, 스페인에서는 쓰게 음료를 마신 아즈텍 방식을 유지하지 않고, 설탕과 바닐라를 첨가해 단맛이 나게 변형시켰습니다. 그리고 그것을 '초콜라테'라고 불렀습니다.

18세기까지 카카오는 음료 형태로 소비되었지만, 19세기 초, 네덜란드인이 발명한 압착 공법을 활용하게 되면서 고체 형태의 초콜릿이 등장했습니다. 카카오에서 버터를 분리하고, 남은 고형분을 가루로 만들어 고체 초콜릿을 제조할 수 있게 된 것입니다. 이 기술을 사용해 영국인이 1847년 세계 최초의 고체 초콜릿 바를 만들었고, 1875년에는 스위스에서 밀크 초콜릿이 개발되면서 현재 우리에게 익숙한 초콜릿 형태가 등장했습니다. 산업혁명 이후, 초콜릿의 대량 생산이 가능해졌고, 더 많은 사람이 쉽게 즐길 수 있는 식품이 되었습니다. 또한, 교통의 발달로 재료와 상품의 유통이 원활해지면서 초콜릿 가격이 하락한 것이 초콜릿의 대중화에 기여했습니다.

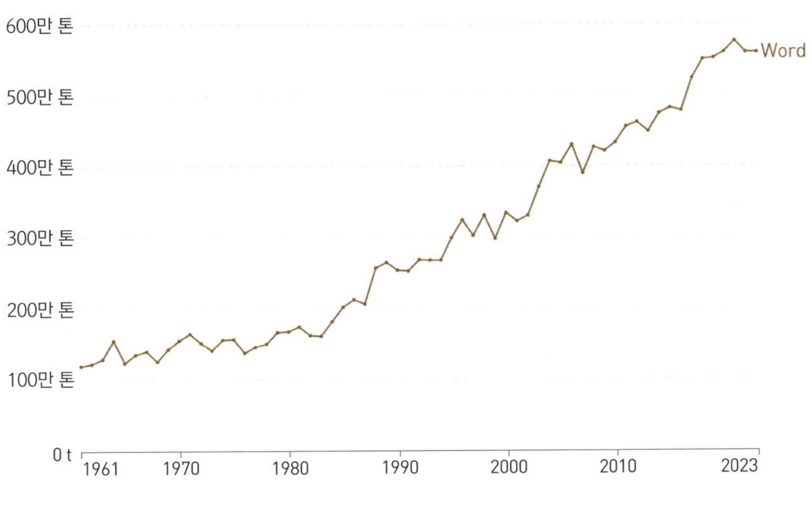

1961~2023년 카카오 생산량 변화

출처: FAO 통계로 Our World in data에서 제작

　자료에 따르면, 1961년부터 2023년까지 약 60년 동안 카카오 생산량이 꾸준히 증가한 것을 확인할 수 있습니다. 이것은 오랫동안 카카오가 꾸준한 사랑을 받아왔다는 증거입니다.

　하지만, 10년 단위의 카카오 생산량 지도를 살펴보면, 카카오 생산국의 변화가 크지 않다는 것을 알 수 있습니다. 이 자료를 통해 카카오는 특정 국가에서 주로 생산되는 작물임을 알 수 있습니다.

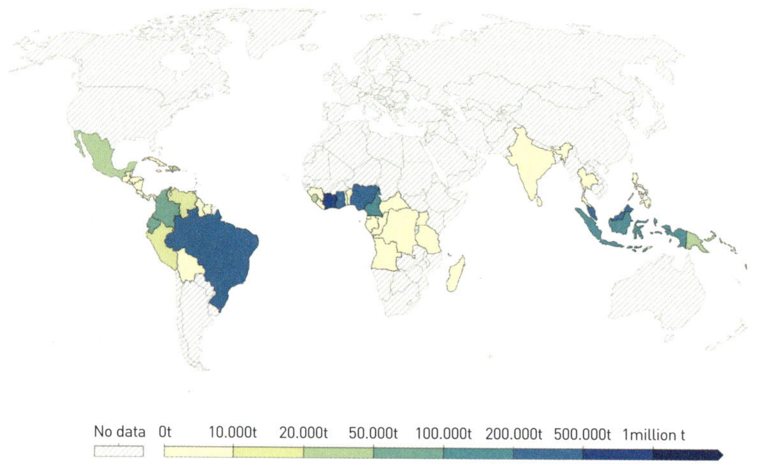

1990년 카카오 콩 생산량

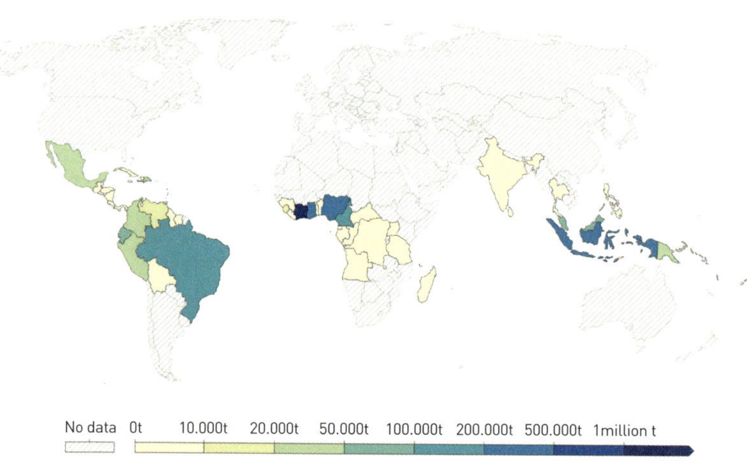

2000년 카카오 콩 생산량

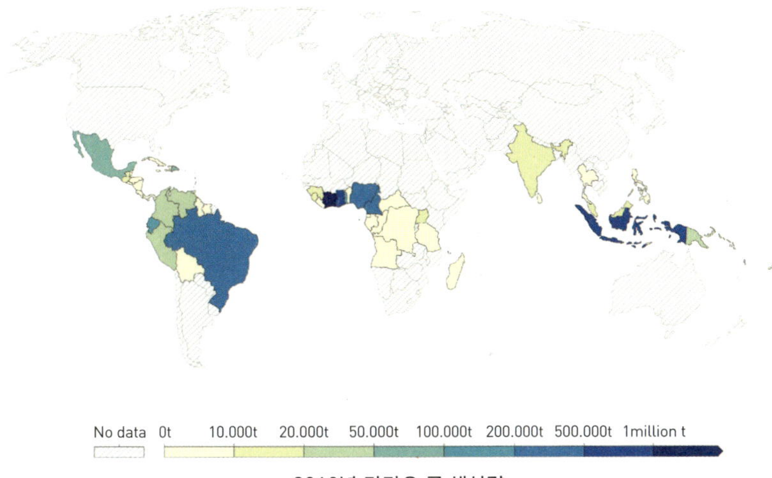

2010년 카카오 콩 생산량

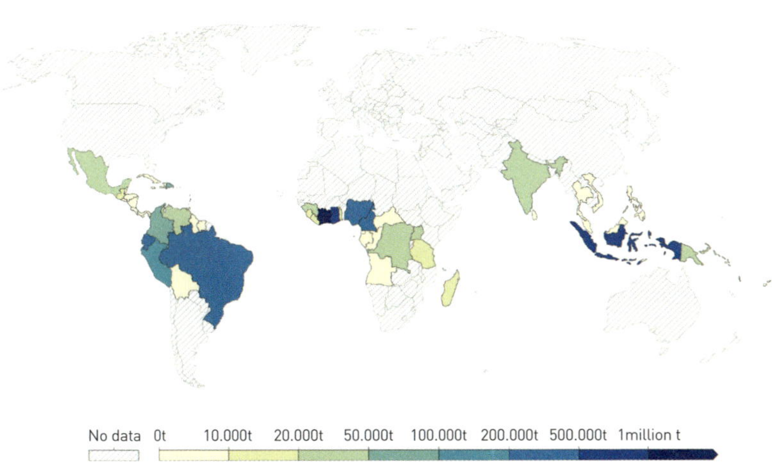

2020년 카카오 콩 생산량

출처: FAO 통계로 Our World in data에서 제작

만약 카카오가 다른 지역에서 생산되기 시작한다면, 현재 주요 생산 국들의 미래는 어떻게 될까요?

실험실의 카카오

카카오는 21~32℃의 기온, 1,500~2,500mm의 충분한 강수량, 그리고 일정한 습도를 갖춘 열대기후 지역에서 가장 잘 자랄 수 있습니다. 하지만 이상 기후 현상으로 인해 카카오나무의 생육과 재배에 위기가 닥쳤습니다. 지구 평균 기온이 상승하면서 카카오가 잘 자랄 수 있는 적정 범위를 초과했으며, 강수량의 불규칙한 변화와 엘니뇨로 인한 가뭄이 카카오 농사에 심각한 영향을 미치고 있습니다. 또한, 지나치게 덥고 습한 환경으로 인해 카카오나무에 곰팡이가 빠르게 확산하면서 생산량 감소와 품질 저하를 초래했습니다.

서아프리카에 위치한 코트디부아르는 전 세계 카카오 공급량의 40%를 차지하는 국가입니다. 그러나 2023년 서아프리카 지역에는 평년의 두 배가 넘는 폭우가 쏟아지면서, 카카오 열매가 썩는 흑점병이 발생했습니다. 문제는 이 병은 단순히 열매만 썩게 하는 것이 아니라, 병원성 곰팡이가 가지와 줄기로 확산되어 결국 나무 자체를 고사시키는 치명적인 병해라는 것입니다.

카카오나무는 성숙하는 데 최소 5년이 걸리며, 성목(어른 나무)이 되기 전까지는 열매를 수확할 수 없다고 합니다. 결론적으로 흑점병으로

흑점병에 걸린 카카오

인해 나무가 고사하면 단기적인 생산량 감소를 넘어, 장기적인 공급 문제로 이어질 수 있다는 것입니다.

적절한 시기에 농약을 뿌리고 비료를 주면 병충해를 예방할 수 있습니다. 또한, 병든 나무를 제거하고 새로운 묘목을 심는 방식으로 대응할 수도 있습니다. 그러나 코트디부아르 농민의 절반 이상이 하루 1,600원 (1.2달러) 정도의 수익으로 생계를 유지하는 현실에서는, 이러한 해결책을 실천하기가 쉽지 않습니다.

이러한 기후 변화로 초콜릿의 미래가 불투명해지면서 선진국에서는 카카오 대체품을 개발하려는 연구가 활발하게 진행되고 있습니다. 미국의 한 세포 배양회사에서는 실험실에서 세포 배양을 통해 재배한 카카오로 만든 초콜릿을 판매할 계획을 세우고 있습니다. 카카오 콩 세포를 설탕물이 담긴 통에 넣고 배양시켜 일주일 만에 성숙한 열매를 얻는 방식이라고 합니다. 이 실험실의 초콜릿은 2025년 첫 출시를 앞두고 미국 식품의약청FDA의 승인을 기다리고 있다고 합니다. 이스라엘 기업에서도 카카오 콩에서 채취한 세포를 배양해 카카오 분말과 카카오 버터를 생산하는 방법을 개발했다고 합니다. 이 회사의 목표는 바이오 배양기로만 이루어진 카카오 농장을 설립하는 것을 목표로 하고 있습니다.

이외에도 미국의 제과회사는 캘리포니아대학교에 첨단 온실을 짓고 카카오나무 22가지 품종의 특성을 연구해 생산성이 높고, 내성이 가진 새 품종을 발굴하기 위해 노력하고 있습니다. 독일 식품 기업은 초콜릿 맛이 발효와 볶는 과정에서 만들어진다고 보고, 귀리부터 지중해산 콩과 식물인 캐롭 등 다양한 곡물을 활용해 초콜릿 맛을 내는 대체품을 만들고 있습니다.

분명 실험실에서 만들어진 카카오는 기존의 방식보다 물도 덜 쓰고, 고된 노동을 요구하지 않을 것입니다. 그리고 초콜릿 생산과 관련된 아동 노동, 저임금 노동 착취와 같은 인권 문제도 해결할 수 있을 것입니다. 하지만 이 실험실의 초콜릿은 또 다른 문제를 일으킬 것입니다.

코트디부아르, 가나와 같이 초콜릿이 하나의 문화적 정체성처럼 여겨지는 국가들은 문화적 소외감과 정체성 상실로 이어질 수도 있을 것입니다. 그리고 분명한 불공정 거래지만, 카카오 생산과 수출로 생계를 유지하고 있는 몇몇 아프리카 국가들은 생존 문제가 걸려있기도 합니다.

실험실 초콜릿은 다양한 문제의 해결할 가능성을 열어주지만, 그 뒤에 따라올 수많은 사회적·경제적 갈등에 대해 또 다른 고민거리를 던지고 있습니다. 실험실 초콜릿이 가져올 미래와 전통 카카오 산업의 몰락 사이에서 우리는 어떤 선택을 해야 할지 심사숙고해 봐야 합니다.

천의 얼굴, 아보카도

'녹색 황금'이라 불리는 아보카도를 들어봤나요? 아보카도는 기네스북에 등재된 세계에서 가장 영양가 높은 과일이자, 미국 시사주간지《타임》이 선정한 10대 슈퍼푸드 중 하나입니다. 또한, 아보카도는 '녹색 황금', '숲의 버터', '물 먹는 하마', '인스타 스타', '블러드 아보카도' 등 다양한 별명을 가지고 있습니다. 이렇게 많은 이름으로 불리고 있는 아보카도는 과연 어떤 과일일까요?

아보카도를 처음 잘라보면, 예상보다

중남부 아메리카 출신, 아보카도

큰 씨앗이 드러나 놀라게 됩니다. 또한, 아보카도는 페르신persin이라는 독성 물질을 함유하고 있습니다. 이 성분은 사람에게는 무해하지만, 개, 새, 말 등 일부 동물에게는 치명적일 수 있습니다.

그렇다면, 큰 씨앗과 독성을 지닌 아보카도는 어떻게 멸종하지 않고 오히려 사람들에게 널리 사랑받는 식품이 되었을까요?

아보카도의 확산에는 인간의 역할이 컸습니다. 아보카도의 원산지는 멕시코 중동부의 고산지대, 과테말라, 페루 등 중앙아메리카와 남아메리

아보카도 원산지

카 일부 지역으로 알려져 있습니다. 높은 영양 가치와 다양한 활용성 덕분에, 고대 문명에서는 아보카도를 적극적으로 재배했다고 합니다. 재배와 함께 씨앗이 널리 퍼졌으며, 스페인의 식민 지배를 통해 유럽을 시작으로 다른 대륙으로 전파되었습니다. 19세기 중반, 아보카도가 미국 캘리포니아로 전해졌으며, 20세기 초 원예 기술이 발달하면서 본격적으로 재배되기 시작했습니다.

아보카도의 인기가 높아지며, 한때 '커피나무 뽑고 아보카도 심는 케냐 농부들'이라는 신문 기사가 날 정도로 전 세계적으로 아보카도 열풍이 불었습니다.

아보카도,
너의 이름은?

'아보카도'라는 단어의 어원은 고대 아즈텍에서 사용된 나우아틀어의 '아우아카틀ahuacatl'서 유래되었다고 합니다. 흥미로운 점은, 이 단어가 '아보카도'뿐만 아니라 '고환'도 의미했다는 것입니다. 아보카도의 모양이 고환을 닮아 이러한 이름이 붙여졌다고 합니다.

이 단어는 스페인의 식민 지배를 거치면서 스페인어 '아구아카테aguacate'로 변형되었고, 이후 영어권으로 전파되면서 현재의 '아보카도avocado'라는 단어가 되었습니다.

아보카도 존

농작물의 생산지를 지칭할 때, 'OO벨트'라는 표현을 들어본 적이 있을 것입니다. 특히, '커피벨트'라는 표현이 익숙할 수 있습니다. 여기서 '벨트Belt'는 특정한 지리적 지역이나 띠 모양으로 이어진 범위를 의미합니다. 주로 특정 기후 조건이나 지리적 특성이 연속되는 지역을 지칭할 때 사용됩니다.

아보카도는 중남미를 중심으로 주로 생산되지만, 생산 지역이 산발적으로 분포하므로 '벨트'라는 표현을 사용하기에는 적절하지 않습니다. 따라서, 아보카도 생산 지역을 '아보카도 존Avocado Zone'이라는 용

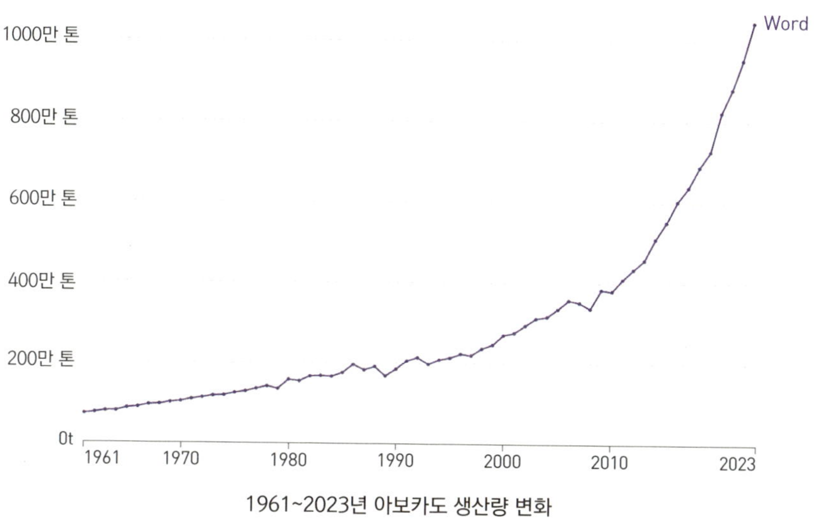

1961~2023년 아보카도 생산량 변화

출처: FAO 통계로 Our World in data에서 제작

어로 지칭해 보겠습니다.

1961년의 아보카도 생산량 지도를 보면, 주로 멕시코와 그 주변 국가에서 생산되었음을 알 수 있습니다.

하지만 아보카도가 건강 중시 트렌드에 힘입어 슈퍼푸드로 인식되기 시작한 2000년대 중반부터, 특히 2010년 이후 생산량이 급증하면서 아보카도 생산량 지도에는 생산 국가가 점점 늘어나며, 기존 아보카도 생산국들은 더 진한 색으로 표시됩니다.

2023년 아보카도 생산량 지도를 보면 여전히 멕시코를 중심으로 브라질, 페루, 콜롬비아 등 전반적으로 중남미 국가들의 생산량이 많은 것

21세기 아보카도 생산량 급증을 보여주는 지도

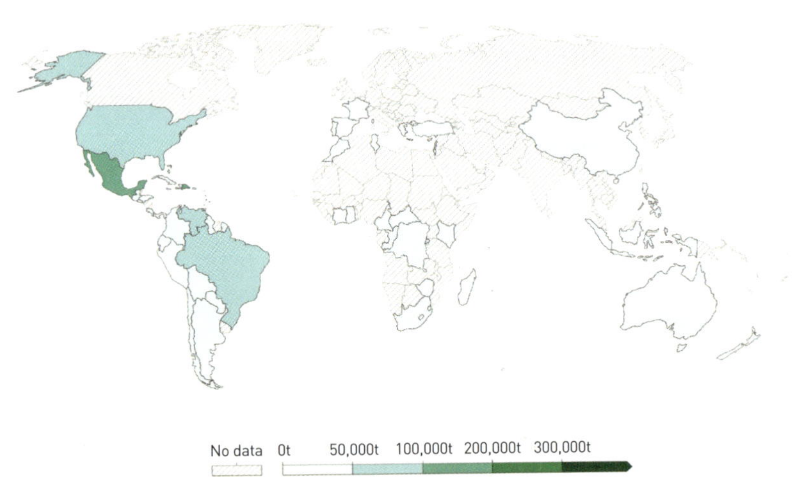

1961년 아보카도 생산량(FAO)

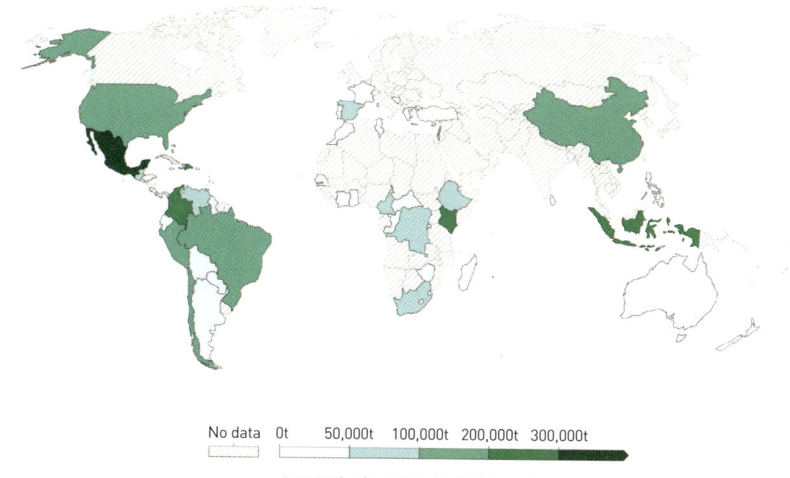

2010년 아보카도 생산량(FAO)

출처: FAO 통계로 Our World in data에서 제작

2023년 아보카도 생산량 상위 7개국

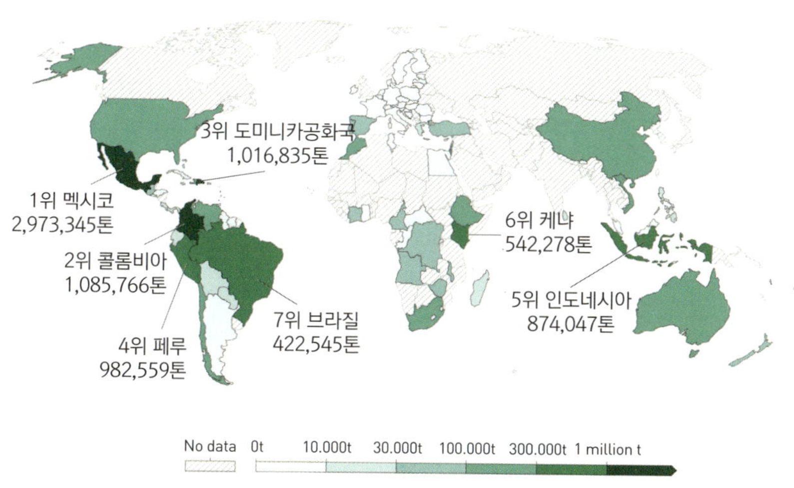

출처: FAO 통계로 Our World in data에서 제작

을 확인할 수 있습니다.

생산량 상위 5개국 중 4개국이 중남미 아메리카에 있습니다(FAO, 2023). 이 지역이 아보카도 생산량이 많은 이유는 아보카도 성장 조건에 적합한 기후 조건과 고대 시대 때부터 아보카도를 재배해 온 역사적 전통을 가지고 있기 때문입니다.

아보카도의 그림자,
페토르카의 잃어버린 물

아보카도는 '물먹는 하마'라고 불릴 정도로 물을 많이 소비하는 과일입니다. 아보카도 한 개를 재배하는 데 320리터의 물이 필요합니다. 우리가 자주 먹는 사과 한 개를 재배하는 데는 83리터, 오렌지는 55리터의 물이 필요합니다. 이와 비교하면, 아보카도 재배에 드는 엄청난 물 소비량을 실감할 수 있습니다.

그렇다면, 왜 아보카도를 재배하는 데 이렇게 많은 물이 필요할까요? 아보카도 나무는 깊이 뿌리내리지 않아 지속적인 물 공급이 필요합니다. 잔뿌리가 적으며, 표면 가까이 자라는 뿌리는 땅속 깊은 곳의 수분을 흡수하지 못하고 대부분 표면의 수분에 의존합니다. 또한, 이러한 뿌리는 물을 저장할 공간이 부족해 토양이 마르면 건강하게 자랄 수 없습니다.

이러한 이유로 아보카도는 강수량이 많은 열대 및 아열대 기후에서 잘 자랍니다. 기존 주요 생산지는 이러한 기후 조건을 충족했지만, 아보카도 소비가 증가하면서 이제는 건조한 기후에서도 재배가 이루어지고 있습니다. 이러한 상황에서, 물이 많은 지역이든 적은 지역이든 아보카도를 재배하는 데 필요한 물이 부족한 실정입니다. 이로 인해, 일부 지역에서는 물에 대한 권리를 사고, 불법적으로 지하수를 빼돌려 아보카도를 재배하기도 합니다.

특히, 칠레의 수도인 산티아고 북쪽에 있는 발파라이소Valparaiso주 페토르카 지역은 주민들이 사용할 수 있는 물이 줄어들어 어려움을 겪고 있는 대표적인 지역입니다.

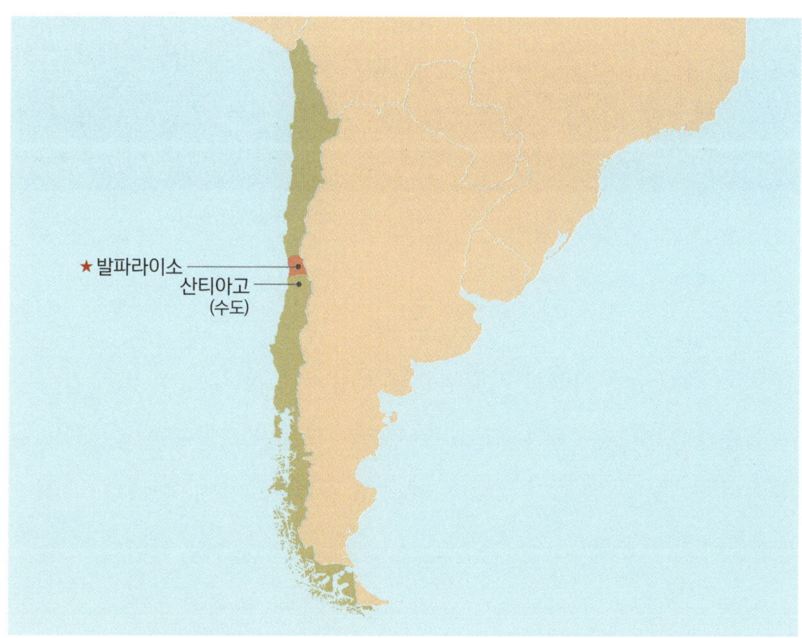

아보카도로 인해 심각한 물 기근을 겪고 있는 칠레의 발파라이소주

칠레 발파라이소 주에 위치한 페토르카의 아보카도 농장

현재 페토르카 지역의 식수원으로 사용하던 강은 그 흔적도 찾아볼 수 없습니다. 수로도 말라붙었고, 수돗물은 정해진 시간에만 공급되기도 하며, 일부 주민들은 급수 트럭을 통해 물을 공급받기도 합니다. 이렇게 주민들이 물 부족에 허덕이는 이유는 바로 아보카도 때문입니다.

원래도 여름이면 가뭄으로 골머리를 앓던 이 지역에서 부자 수출업자들이 운영하는 아보카도 농장이 급증하면서 가난한 주민들이 식수난을 겪고 있는 것입니다. 게다가 칠레에서는 물이 사유 재산으로 여겨지기 때문에 주민들의 식수난은 더욱 심해지고 있습니다. 대부분 농장주는 주민들이 마실 물을 공급하기보다는 자신들의 농작물인 아보카도에 물을 주고 있는 것이지요. 2018년 독일에서 방송된 다큐멘터리에서는 아보카도 재벌들이 강에 불법 지하 수로를 만들어 물을 훔치고 있다는 내용을 담은 방송이 송출되기도 하였습니다. 방송 당시 이곳에는 최소 65개의 불법 지하 관개 수로가 존재하며, 물을 훔치다 적발되어도 적은 과태료를 내기 때문에 처분의 의미가 없을 정도라고 이야기했습니다.

이 문제를 개선하기 위해 미첼 바첼레트 전 대통령은 농업용으로 물을 사용하기보다는 사람들이 우선적으로 사용하는 법 개정안을 제시하기도

농장에서 아보카도를 수확하는 모습

하였지만, 논의가 중단되어 여전히 주민들은 어려움을 겪고 있습니다.

'녹색 황금'의 대가,
미초아칸의 비극

아보카도 생산과 관련해서 산림 파괴와 범죄조직과 관련된 문제가 끊임 없이 대두되고 있습니다. 특히, 이러한 문제는 전 세계에서 가장 많은 아보카도를 생산하고 있는 멕시코의 미초아칸Michoacan주에서 두드러지게

세계 최대 아보카도 생산지인 멕시코 미초아칸주

발생하고 있습니다.

2000년대 초부터 이 지역에서는 아보카도를 '녹색 황금'이라 부르며, 아보카도 재배면적을 늘리기 시작했습니다. 이에 따라 돈이 되는 아보카도를 더 많이 생산하기 위해 산림이 무차별적으로 파괴되었습니다.

2017년 AP통신은 매년 1,800~2,400만 평, 즉 여의도 30배 크기에 달하는 산림이 아보카도로 인해 사라진다고 보도하기도 했습니다. 아래 제시된 그래프만 보아도 약 20년 동안 브라질 내에서 얼마나 많은 토지가 아보카도를 재배하는 데 활용되고 있는지 확인할 수 있을 것입니다.

2000~2023년 브라질에서 아보카도 생산에 사용된 토지

출처: FAO 자료를 토대로 Our world in data에서 제작

아보카도 생산을 위해 불법 벌채된 토지/ CRI

출처: IMPACT ON(임팩트온)

2024년 미국 기후 단체와 멕시코 NGO 단체에서 여전히 아보카도 생산을 위해 불법으로 산림이 파괴되고 있는 상황에 문제를 제기하기도 하였습니다. 그리고 이러한 아보카도 생산지 확보를 위한 불법 산림 벌채에는 카르텔이 개입하고 있다고 합니다.

'녹색 황금'인 아보카도로 인해 이 지역의 수익이 증가하면서 범죄조직이 몰려들게 된 것입니다. 미초아칸 지역의 아보카도 재배자들은 범죄조직에 일종의 '보호비'를 지불해야 한다고 합니다. 범죄조직은 경작지 규모에 따라 돈을 요구하고, 거부하면 농장주 가족의 생명을 위협하거나 농장에 불을 지르는 일이 허다하다고 합니다. 이런 건전하지 못한 생

산과 유통으로 일시적으로 미국에서는 멕시코산 아보카도 수입을 중단
하기도 하였습니다. 또한, 영국과 아일랜드의 일부 식당에서는 메뉴에서
아보카도를 제외하려는 움직임도 있었습니다.

'녹색 황금'의 그늘

이렇게 물의 소비도 많고, 범죄조직과도 연루된 아보카도는 또 다른 그
늘을 드리우고 있습니다. 바로 재배에서 유통까지 환경에 상당한 부정적
인 영향을 미친다는 것입니다. 이런 아보카도의 그늘은 탄소발자국과 푸
드마일리지로 살펴볼 수 있습니다.

탄소발자국은 제품의 생산, 유통, 소비, 폐기하는 전 과정에서 발생하
는 이산화탄소CO_2를 나타낸 값입니다. 탄소발자국 측정은 이산화탄소
배출량을 시각화하여 환경에 부정적인 선택을 줄이기 위해 고안된 방법
입니다.

아보카도 1kg을 생산하는 데 약 2.5kg의 이산화탄소가 배출되며,
이것은 바나나의 네 배에 이르는 수치입니다. 또한, 푸드마일리지는 식
품이 생산지에서 소비자에게 도달하기까지의 이동 거리(km)에 수송량
(t)을 곱한 값인데, 주로 중남미에서 생산되어 전 세계로 이동하는 아보
카도는 푸드마일리지 또한 높다고 예상할 수 있습니다.

과도한 물을 소비하여 재배되고, 많은 이산화탄소를 배출하며 옮겨
지는 아보카도는 기후 위기에 직면한 지구에 상담한 부담을 주고 있습

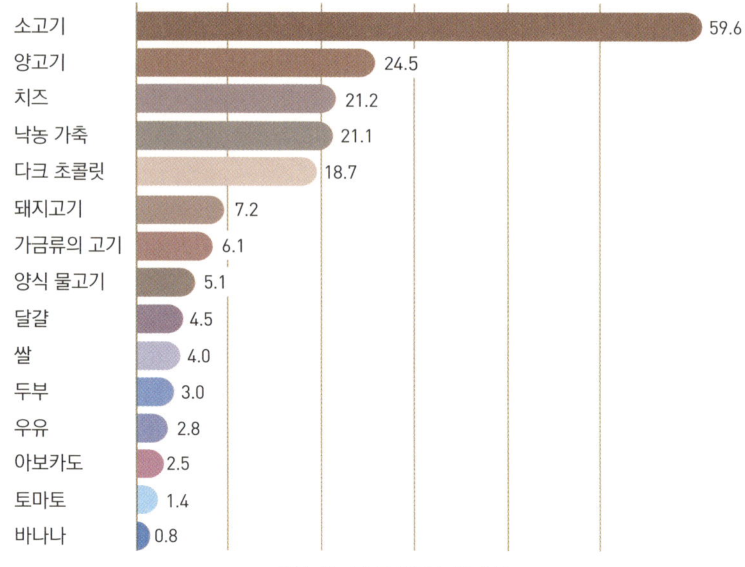

식품 1kg당 온실가스 배출량

니다. 이러한 부정적인 영향으로 일부 국가에서는 아보카도에 환경세 도입을 고려하고 있습니다.

우리도 이제 고민해 봐야 할 때입니다. 아보카도는 단순히 건강식품의 소비일까요? 우리의 건강도 중요하지만, 이제는 지구의 건강도 고민해야 할 때가 아닐까요?

3장
식량
불평등과
농업 문제

식탁 위 풍요 속 아이러니, 기아와 불평등

'오늘 뭐 먹지?' 우리가 매일 하는 행복한 고민입니다. 손가락 클릭 몇 번만으로도 여러 식당에서 수많은 종류의 음식 중 원하는 메뉴를 골라 시켜 먹을 수 있죠. 이렇게 우리는 식탁 위가 풍요로운 세상 속에서 살고 있습니다. 그런데 우리가 무엇을 먹을지 고민하는 5초의 시간 동안 아이들이 1명씩 굶어 죽어가고 있다는 사실을 알고 있나요? 맛있는 음식을 선택하는 찰나의 순간 지구 저편에서는 생존을 다투고 있는 이 현실의 아이러니는 도대체 왜 일어나는 걸까요?

배고픔을 넘어선 절망,
기아란 무엇인가

2010년, 아이티라는 국가에서는 대지진과 함께 전 세계를 충격에 빠뜨린 사건이 벌어졌습니다. 길거리에 진열된 쿠키가 그 중심에 있었는데요. 이 쿠키는 호떡과 비슷한 모양과 크기로, 3개에 약 1아이티구르드(한화 약 40원)에 팔려 아이들이 즐겨 먹는 간식처럼 보였습니다. 그러나 이 쿠키는 달콤하지도 않고 영양가도 없으며, 불에 굽지도 않았습니다. 왜냐하면 쿠키가 진흙으로 만들어졌기 때문입니다. 진흙에 버터, 물, 마가린, 소금을 섞은 뒤 햇볕에 말려 만드는 진흙 쿠키는 삼키는 것은 물론이

아이티의 진흙 쿠키

출처: WFP

고 씹는 것조차도 어려울 만큼 큰 거부감이 들게 합니다. 게다가 불에 굽지 않아 기생충과 질병 감염 위험이 높고, 중금속에 노출될 가능성도 큽니다.

아이티 사람들이 이러한 위험을 무릅쓰고 돈을 주고 진흙 쿠키를 사 먹는 이유는 식량이 너무 비싸 구매할 수 없기 때문입니다. 그나마 진흙 쿠키로라도 허기를 달래려는 절박한 선택인 것이죠. 즉, 진흙 쿠키는 극심한 인플레이션 속에서 아이티 주민들이 선택할 수 있는 유일한 저렴한 식량이 된 것입니다. 10여 년이 지난 지금도 아이티는 국민의 절반이 기아 위기에 놓일 정도로 세계에서 기아 문제가 심각한 나라 중 하나입니다. 기아는 이처럼 한 사람, 한 국가를 비참하고 절망적인 상황으로 내몰고 있습니다.

'기아'라는 단어를 들으면 어떤 이미지가 떠오르나요? 많은 사람이 구호단체의 광고 속 아프리카의 굶주리는 아이들을 떠올릴 텐데요. 오랫동안 제대로 된 끼니를 먹지 못해 뼈가 앙상하게 드러나고 장기에는 물이 차올라 배만 불룩 튀어나온 모습, 힘이 없어 한 걸음조차 내딛기 어려워하고 얼굴 위에 벌레가 앉아도 쫓아낼 기력조차 없는 모습 등 기아로 고통스러워하는 아이들의 모습을 보고 있노라면 마음이 불편해집니다. 그래서 그런 광고 영상이 뜨면 빠르게 건너뛰기 버튼을 누르곤 하죠.

우리가 마음만 먹으면 언제든 쉽게 건너뛰어 버릴 수 있는 이 불편한 현실은 실제로는 더욱 잔인하며, 특히 아이들에게 기아가 미치는 영향은 가혹합니다. 기아로 고통받는 아이의 얼굴은 창백해지고 눈 주위의 지방조직이 소실되면서 눈이 깊숙이 꺼지고 광채를 잃습니다. 배고픔에 내장이 쥐어짜이는 듯한 통증이 계속되고, 몸 전체가 극도의 탈진 상태에 빠지며 점차 정신이 혼미해집니다. 결국 아이는 주변 소리에 반응할 힘도, 눈을 뜰 힘도 없이 차츰 의식을 잃어갑니다.

이처럼 단순한 굶주림을 넘어 한 인간의 생명력을 서서히 앗아가는 절망적인 투쟁, 기아란 무엇일까요? 기아Hunger는 물과 영양소를 충분히 섭취하지 못하여 생존에 필요한 에너지가 부족한 상태를 말합니다. 이는 정기적으로 필요한 식량을 충분히 공급받지 못할 때 발생하며, 영양실조, 성장 장애, 면역력 저하 등 심각한 건강 문제로 이어질 수 있습니다.

나아가 극심한 기근Famine은 기아의 가장 심각한 형태로, 지역사회 전체가 극도의 식량부족으로 인해 높은 수준의 사망률을 겪는 상태입니다. 유엔식량농업기구FAO와 세계식량계획WFP에서는 다음과 같은 기준을 충족할 때 극심한 기아로 분류하고 있습니다.

- 인구 10,000명당 매일 평균 2명 이상이 굶주림이나 영양실조로 사망하는 경우
- 전체 인구의 20% 이상이 극심한 식량 불안정 상태에 놓여있는 경우
- 5세 미만 아동의 30% 이상이 급성 영양실조에 시달릴 경우

UN 보고서에 따르면 전 세계 기아 인구는 2021년 약 7억 200만 명에서 8억 2,800만 명 정도 되는 것으로 추정됩니다. 이는 전쟁, 질병으로 인한 사망자 수를 뛰어넘는 수치입니다.

기아는 지역에 따라 어떻게 다르게 나타날까?

사실 우리나라도 아이티처럼 진흙을 식량 대신 먹던 때가 있었습니다. 그리 오래전 일이 아닙니다. "똥구멍이 찢어지게 가난하다"라는 표현을 들어본 적 있을 겁니다. 과거 보릿고개 시절에 먹을 것이 없어 풀뿌리, 나무껍질, 진흙 등 소화가 안 되는 것들을 먹다 보니 변비가 심해져 항문이 찢어지는 고통을 겪었던 데서 유래한 말입니다. 그러나 이제 우리나라는 기아와 거리가 먼 나라가 되었죠.

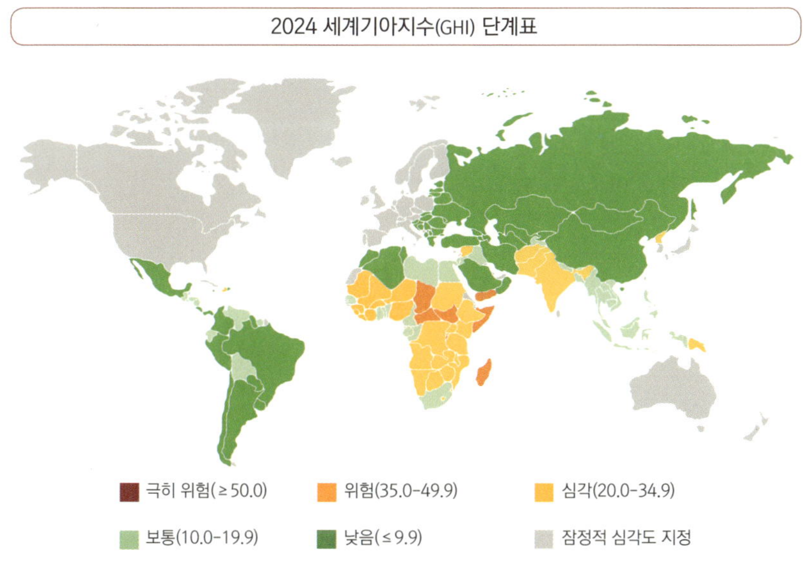

지표: 영양 결핍 인구, 영유아 사망률, 저체중 아동, 발육부진 아동

출처: 컨선월드와이드

그래서 '기아'라고 하면 주로 아프리카 빈민국을 떠올리며 지구 반대편에서만 일어나는 일이라 생각하기 쉽습니다. 하지만 기아는 비단 아프리카만의 문제가 아닙니다. 우리가 속해 있는 아시아에서도 심각한 기아가 발생하고 있습니다. 인구가 많다 보니 기아의 절대 수도 아시아가 제일 많죠. 특히 사하라 이남 아프리카와 남아시아에서 높은 영양실조와 영유아 사망률이 나타나고 있습니다.

다음으로 시대별 추이를 살펴보면, 기아의 지리적 분포가 점차 좁아지고 있음을 알 수 있습니다. 우측 도표에서 가로축은 대륙, 세로축은 시간의 흐름을 나타내며, 아래로 내려갈수록 더 최근에 발생한 기아 사건을 보여줍니다. 또한 원의 크기는 기아로 인한 사망자 수를 의미합니다. 20세기까지만 해도 유럽과 아시아의 많은 국가가 기아로 고통받았지만, 오늘날 기아의 영향은 주로 아프리카와 아시아의 일부 지역에 한정되고 있습니다.

도시와 농촌 간에도 기아는 서로 다른 양상으로 나타납니다. 2023년 유엔식량농업기구FAO의 보고서에 따르면 전 세계 기아 인구의 약 70%가 농촌 지역에 거주하고 있습니다. 식량을 직접 생산하는 농촌 사람들이 기아에 시달리고 있다는 사실이 이상하지 않나요? 그 이유에 대해서는 다음 장에서 살펴보겠습니다.

나머지 30%는 제3세계의 대도시와 그 주변 빈민촌에서 발생하는 기아로, 아시아와 중남미 지역이 대표적입니다. 제3세계의 급속한 도시화를 가도시화假都市化라고 부르는데요, 사회기반시설이나 시스템이 제대로 갖춰져 있지 않은 상태에서 많은 인구가 도시에 몰리며 나타나는 현

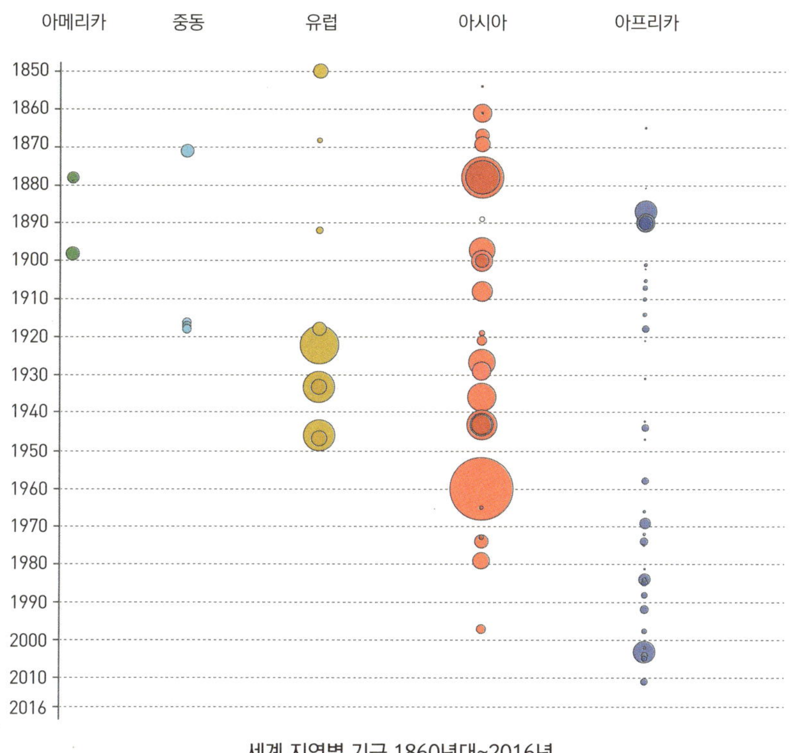

세계 지역별 기근 1860년대~2016년

상입니다. 이렇게 형성된 도시에는 많은 사람이 거주하지만, 실제 우리가 떠올리는 도시의 모습과는 거리가 먼 '가짜 도시화'가 진행되는 것입니다. 따라서 일자리를 구하지 못한 사람들은 비공식 부문에 종사하고, 살 곳이 없어 판자촌과 같은 불법 주택지구에 거주하는 경우가 많습니다. 이렇게 빈곤한 환경에서 살다 보니 먹을 것을 구하기 어려운 상황에 놓이게 되죠.

아이를 많이 낳아서 기아 문제가 생길까?

역대 마블 영화의 악당 중 가장 매력적이라는 평가를 받는 캐릭터인 타노스를 아시나요? '어벤저스 시리즈'에서 인피니티 스톤 6개를 모두 모은 뒤 손가락을 튕기자 우주 인구의 절반이 사라져버렸죠. 극악무도한 일을 저지른 악당임에도 불구하고 많은 사람이 타노스를 마냥 미워할 수 없었던 이유는 그의 행동이 단순한 악행이 아니라 나름의 신념에서 비롯되었기 때문입니다. 자원은 유한한데 인구가 빠르게 늘어나면서 균형이 깨졌다고 생각한 타노스는 생명체의 절반이 사라져야만 우주가 균형을 되찾고 남은 절반이라도 행복해질 수 있다고 믿었습니다.

현실 세계에서도 이러한 생각을 가진 사람들을 볼 수 있습니다. 기아와 관련된 영상에는 "그만 좀 낳아라", "먹을 게 없는데 아이가 10명?", "이참에 인구 좀 감소했으면 좋겠다" 같은 댓글들이 종종 달립니다. 먹을 식량이 부족하므로 인구를 조절해야 한다는 생각은 꽤 오래전부터 존재해왔습니다. 그중 가장 널리 알려진 것은 바로 맬서스의 『인구론』입니다.

19세기 영국의 경제학자이자 통계학자였던 토머스 맬서스Thomas R. Malthus는 저서 『인구론』에서 인구 위기에 대한 자신의 이론을 전개했습니다. 그는 식량은 산술급수적으로 증가하는 반면 인구는 기하급수적으로 증가하기 때문에 결국 식량 수요를 공급이 따라가지 못하여 빈곤과 범죄가 필연적으로 발생한다고 보았습니다. 이것이 이른바 '맬서스 함정Malthusian Trap'의 핵심입니다.

맬서스는 과도한 인구 증가를 막기 위해 두 가지 해결책을 제시했습니다. 결혼을 늦추는 예방적 억제책과 기아나 전쟁으로 사망률이 높아지는 적극적 억제책입니다. 또한 그는 저소득층이 생산하는 부가가치는 낮은데 보조금을 지원해주면 오히려 식량 가격만 상승시켜 더 큰 빈곤을 초래할 수 있다면서 빈민 구제 정책을 폐지해야 한다고 주장했습니다. 즉, 모두의 행복을 위해 가난한 사람은 자연스럽게 도태되도록 방치해야 한다는 것이었죠.

이러한 맬서스의 신념은 인간의 존엄성은 무시한 채 효율성과 생존경쟁 논리로 기아 문제를 단순화했다는 점에서 많은 비난을 받아왔습니다. 그러나 동시에 그의 주장은 영국에서 빈민법이 개정되어 빈민 복지가 축소되는 데 영향을 미쳤고, 맬서스가 사망한 지 10년 후에 발생한 아일랜드 대기근을 설명하는 데도 어느 정도 부합한다는 평가를 받았습니다.

그런데 정말로 아이를 많이 낳기 때문에 기아 문제가 발생하는 것인지 다시 생각해볼 필요가 있습니다. 과학기술이 고도로 발전한 오늘날에도 정말 인구 대비 식량이 부족해서 굶어 죽는 사람들이 생기는 걸까요? 이와 같은 의문을 제기하며 맬서스의 인구론을 비판한 학자가 있습니다. 20세기 덴마크의 경제학자 에스더 보저럽Esther Boserup은 인구 증가로 인해 인구 압박이 심해지면 인간은 오히려 토지를 집약적으로 이용하거

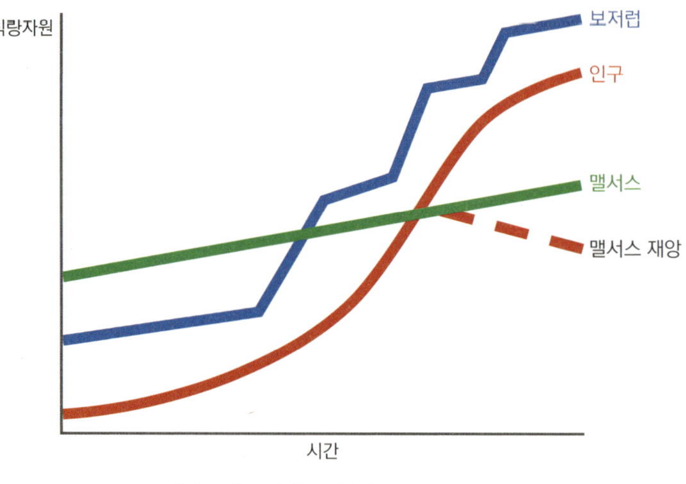

맬서스와 보저럽의 이론을 표현한 그래프

출처: Anthroecology Lab

나 기술혁신을 통해 식량 생산성을 증대시키는 등 해결책을 찾아낸다고 주장했습니다. 즉, 인구 성장은 위기가 아니라 발전의 동력으로 작용할 수 있으며, 인간은 끊임없는 혁신을 통해 식량 문제를 극복할 수 있다고 본 것입니다.

위 도표를 보면서 두 학자의 입장을 정리해 볼까요? 빨간색으로 표시된 인구는 시간이 지남에 따라 가파르게 증가하고 있습니다. 이렇게 일정한 비율이 곱해져 빠르게 증가하는 현상을 기하급수적 증가라고 합니다. 반면, 맬서스는 식량이 산술급수적으로 증가한다고 주장했죠? 초록색 그래프처럼 일정한 값이 더해지는 방식이 바로 산술급수적 증가입니다. 이처럼 식량은 산술급수적으로 증가하는 한편, 인구는 기하급수적으

로 증가하게 되면 결국 인구 증가 속도가 식량 공급을 초과하여 식량이
부족해지는 지점, '맬서스 함정' 또는 '맬서스 재앙Malthusian Catastrophe'
에 도달하게 됩니다. 한편, 파란색으로 표시된 보저럽의 주장을 살펴보
면 인구 증가에 따라 식량 자원이 특정 사건을 계기로 급증하며 계단형
그래프를 띠는 것을 볼 수 있습니다.

실제로도 지난 50년간 세계 인구는 약 40억 명에서 80억 명으로 2
배 정도 증가한 반면, 식량 생산은 약 13억 톤에서 30억 톤으로 2.3배
정도 증가했습니다. 식량 생산성이 증가하여 식량 생산이 인구 증가를
초과하는 성장률을 보여준 것이죠. 또한 FAO에 따르면 현재 식량 생산
수준은 120억에서 140억 명의 인구를 부양할 수 있을 만큼 충분하다고
합니다. 이를 통해 기술이 발전한 오늘날에는 단순히 아이를 많이 낳거
나 식량이 부족해서 기아가 생기는 것이 아님을 분명히 알 수 있습니다.

왜 식량은 남아도는데
세계의 절반은 굶주릴까?

기술 발전에도 불구하고 전쟁보다 기아로 인해 죽는 사람이 여전히 많
은 이유는 무엇일까요? 단순히 해당 국가가 가난해서, 식량 자체가 부족
해서가 아니라 다양한 복합적인 원인에 의해 발생합니다. 그 원인은 크
게 자연적 원인과 인위적 원인으로 나누어볼 수 있습니다. 자연적 원인
은 기후 변화, 자연재해, 병충해와 같이 식량 생산에 직접적인 영향을 미

치는 환경적 요인들입니다. 반면, 인위적 원인은 인간이 만들어낸 문제로 인해 식량이 공평하게 분배되지 않는 경우를 말하며, 오늘날에는 인위적 원인이 더 큰 영향을 미치고 있습니다.

인위적 원인으로 가장 먼저 떠올릴 수 있는 것은 첫째로, 분쟁입니다. 기아 위험 상위 10개국 중 8개국이 분쟁 상황에 놓여있다는 사실은 이를 분명하게 보여줍니다. 분쟁 지역에서는 농경지가 파괴되고, 주민들이 안전을 위해 피란을 가는 바람에 농사를 지속할 수 없게 됩니다. 또한 인플레이션으로 인해 식량 가격이 급등하고, 식량 공급 인프라가 파괴되는 등 안정적인 식량 공급이 사실상 불가능해집니다.

기아 수준이 가장 심각한 국가인 소말리아는 30여 년간 이어져 온 내전의 결과, 20만 명 넘는 사람들이 재앙 수준의 식량 부족에 시달리고 있습니다. 일부 주민들은 식량을 구할 돈을 마련하기 위해 장기 매매까지 나서는 상황입니다. 또한, 기아 위험 국가 2위로 꼽히는 예멘 역시 10년 가까이 전쟁이 지속되면서 심각한 상황에 놓여있습니다. 전체 1,200만 명의 어린이 가운데 약 80%가 인도적 기초 물자 부족으로 매일 극심한 고통 속에서 살아가고 있습니다.

둘째 이유는, 식용 작물을 비식용 작물로 사용하기 때문입니다. 열심히 일하는 농부와 그의 아이들이 굶주리는 동안, 정작 그들이 키운 농작물은 가축의 사료로 쓰이고 있습니다. 우리가 좋아하는 소고기를 예로 들어보겠습니다. 미국 농무부USDA에 따르면 소고기 1kg를 생산하는 데 곡물 7kg이 필요하다고 합니다. 이는 5명이 소고기를 먹기 위해서는 28명이 먹을 수 있는 곡물을 들여야 한다는 뜻입니다. 결국 선진국에서 곡물을 사료로 이용해 소고기를 생산하는 동안, 저개발구에서는 하루 한 끼조차 해결하지 못하는 아이들이 생겨나는 원인이 되죠. 이처럼 세계가 서로 연결되어 있기에 우리는 책임 있는 소비를 해야 합니다.

또한, 식량이 에너지 자원으로도 사용됩니다. OECD-FAO의 데이터에 따르면 2021년 기준, 전 세계에서 연간 약 900만 톤의 밀, 1억 8,600만 톤의 옥수수, 3,200만 톤의 식물성 기름이 바이오에너지 생산에 사용되었습니다. 바이오에너지란 옥수수, 사탕수수 등 다양한 바이오매스를 발효시켜 연료에 첨가하여 사용하는 에너지를 말합니다. 이렇게 많은 곡물이 바이오에너지로 전환되면, 곡물 수요가 증가해 곡물 가격 폭등을 초래합니다. 그 결과 돈이 없어 식량을 구매하지 못하는 사람들이 늘어나며, 기아 문제가 더욱 악화되죠.

셋째, 불합리한 유통구조입니다. 농촌 사람들이 아무리 열심히 일하고 식량을 생산해도 기아에 시달리는 이유가 여기에 있습니다. 과거 식민 지배를 받은 나라들에선 식민 지배 국가가 그 나라 사람들이 먹을 식량 작물을 생산하는 것이 아니라, 세계 시장에 팔 수 있는 상품작물을 생산하도록 농업 생태계를 바꾸어놓았습니다. 게다가 한 가지 품종만을 대량 생산하는 단일경작 시스템이어서 세계 경제의 상황이나 한 해 수확량에 따라 수출이 줄면 국가 경제에 큰 타격을 입고, 먹을 음식은 선진국에서 수입해야 하는 등 무역 의존도가 높아질 수밖에 없게 되었습니다.

유럽연합이나 곡물 메이저가 인위적으로 식량 공급과 가격을 조절하기도 합니다. 유럽연합의 경우 농업 보조금을 지급함으로써 유럽 농업 생산자들이 국제적으로 경쟁력을 가질 수 있도록 돕고, 수입 농산물에 관세를 부과해 자국 농업을 보호합니다. 이로 인해 같은 품질의 채소와 과일이더라도 유럽 농산물을 아프리카 농산물보다 훨씬 저렴하게 팔 수 있죠. 문제는 아프리카에서조차 현지 농산물이 아닌 유럽 농산물이 더 경쟁력 있게 팔린다는 것입니다. 아프리카는 전체 노동인구의 65~85% 가 농업에 종사할 만큼 농업이 국가 경제의 핵심 산업임에도 불구하고, 많은 농업 생산자들이 최저 생계 수준에도 미치지 못하는 삶을 살아가는 까닭입니다.

넷째, 농작물과 농경지를 투자 대상으로 삼는 관행에서 비롯되는 문제입니다. 농작물이 선물거래와 같은 금융 상품으로 거래되면 대규모 자본이 투입되어 수요가 인위적으로 증가하고, 가격이 급등하게 됩니다. 이는 소득 대부분을 식량 구매에 사용하는 저소득층에게 치명적으로 다가옵니다. 또한 농산물 가격 급등이 일반 물가 상승으로 이어지는 '애그플레이션agflation'을 촉발하기도 하죠. 실제로 2008년 세계 식량 위기 당시 곡물 가격이 3~5배까지 상승했는데, 투기적 거래가 주요 원인으로 지목되었습니다. 이로 인해 저소득 국가의 식량 구매력은 급격히 떨어졌고, 전 세계적으로 기아 인구가 약 1억 명 증가한 것으로 추정됩니다.

남반구에서는 다국적 기업, 헤지펀드에 의한 땅따먹기가 버젓이 벌어지고 있습니다. 수백만 헥타르에 달하는 농경지가 부유한 국가들의 식량 안보 확보, 바이오에너지 생산 등을 목적으로 대규모로 매입되거나 장기 임대됩니다. 그러나 거래 과정에서 현지 주민들의 의사는 철저히 배제되며, 결국 생계 수단인 농경지를 잃고 쫓겨나게 되죠. 우리나라도 이 약탈 전쟁에서 예외는 아닙니다. 2008년 대우 로지스틱스가 수출용 옥수수를 재배하기 위해 마다가스카르의 농경지 130만 헥타르를 99년간 장기 임대하려 했으나, 주민들의 강력한 반발과 정치적 혼란 속에서 계약이 무산된 바 있습니다. 누군가에게는 단순히 이익 창출을 위한 투자처로 보이는 땅이지만, 누군가에게는 반드시 지켜야 할 삶의 터전이자 생존을 지탱하는 뿌리임을 잊어서는 안 됩니다.

이외에도 정부의 지원 부족, 현지 정부의 부패, 사막화와 삼림 파괴 등 다양한 요인들이 기아를 심화시키고 있습니다. 그러나 앞서 살펴본 바와 같이 세계 식량 시장의 불공정한 구조가 주요한 원인으로 작용합니다. 한쪽에서는 수익을 창출하며 점점 부유해지는 반면, 다른 한쪽은 기본적인 생활조차 유지하지 못한 채 기아의 악순환에서 벗어나지 못하

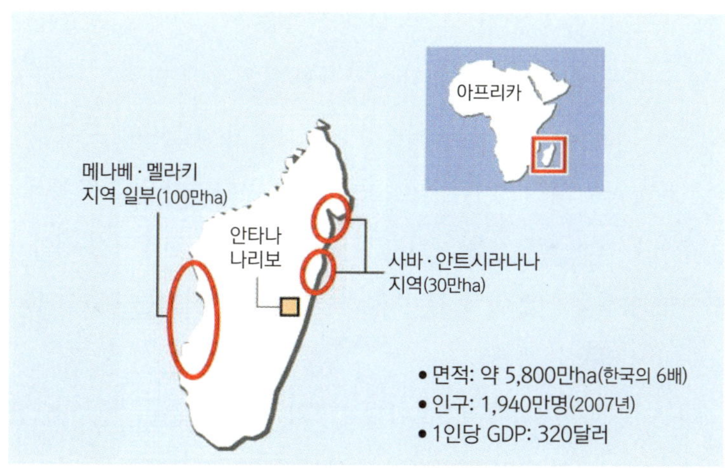

대우 로지스틱스의 마다가스카르 토지 매입 후보 지역

출처: 경향신문

고 있습니다. 이러한 현실을 두고 유엔 인권위원회 식량 특별 조사관으로 활동했던 사회학자 장 지글러는 "기아로 죽는 어린아이는 살해당하는 것이다"라고 말했습니다. 기아는 단순히 개인의 문제가 아니라, 우리가 묵인하는 불합리한 구조 속에서 가장 약자인 어린아이들이 희생당하는 중대한 사회적 문제라는 것이죠.

기아는 해결될 수 있을까?

2015년 UN은 2030 어젠다의 두 번째 목표로 기아 종식을 제시했습니다. 그러나 10년도 채 지나지 않은 2024년, UN은 이와 같은 목표 달성이 불가능하다고 선언했으며, 전 세계 기아 상황은 앞으로도 2160년까지 높은 수준을 유지할 것으로 예상하고 있습니다. 우측 그래프를 보면 확인할 수 있듯이 기아는 한때 감소 추세를 보였지만, 코로나 19를 기점으로 정체되거나 오히려 증가하는 경향을 보이고 있습니다. 주요 농산물 수출국에서 일부 작물의 수출을 제한하고, 많은 나라가 국경을 봉쇄하면서 식량 유통이 원활하지 않았기 때문입니다. UN의 전망처럼 기아 종식을 이룩하는 것은 어려워 보입니다. 기아는 정녕 해결될 수 없는 문제로 남을 수밖에 없는 걸까요?

우리는 지구 반대편에서 5초마다 1명의 아이가 굶어 죽는 비극을 어쩔 수 없는 일, 당연한 일로 착각하며 살아왔을지도 모릅니다. 하지만 미국이 생산 가능한 잠재적 곡물량만으로도 전 세계 인구를 먹여 살릴 수

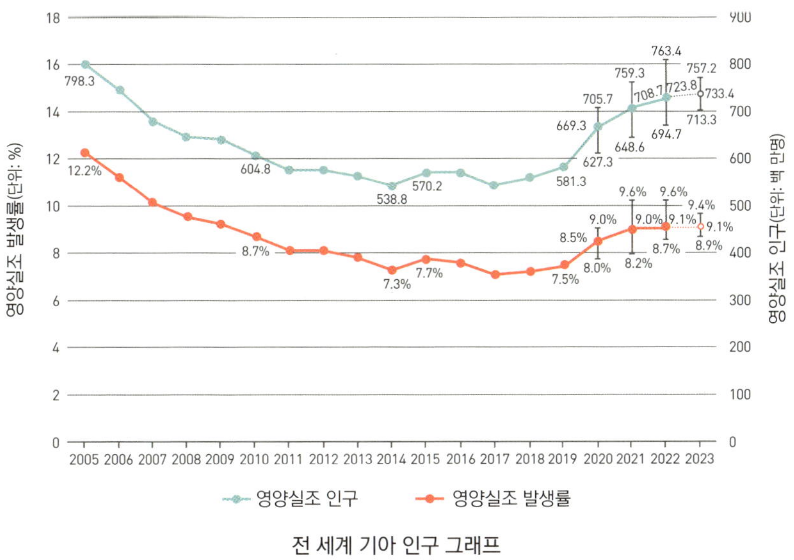

전 세계 기아 인구 그래프

출처: WFP

있는 이 현실 속에서, 수많은 어린아이가 꿈조차 펼쳐보지 못한 채 생을 마감하고 있다는 사실은 이성적으로 받아들이기 어렵습니다. 모든 인류에게는 굶주리지 않을 권리가 있습니다. 우리부터 책임 의식을 지니고 기아 문제를 정확히 이해하고 직시한다면, 그것이 기아 종식을 향한 첫 걸음이 될 수 있지 않을까요?

세계를 잇는 식량 사슬

우리는 매일같이 세계지도를 보고 있습니다. 의식적으로 세계지도를 본 적이 없는 사람들도 모두 해당되는 얘기입니다. 바로 우리의 식탁 위에 세계지도가 펼쳐져 있기 때문이죠. 우리가 먹는 음식이 어디에서 오는지 생각해본 적 있나요? 밥상 위의 쌀, 면 속의 밀가루, 한 조각 과일, 커피 한 잔까지. 이 모든 식재료는 어디에서, 누가, 어떤 환경에서 생산했을까요? 이 식탁의 이면에는 각국을 넘나드는 방대한 식량 사슬이 존재합니다. 우리가 매일 먹는 음식들은 단순히 한 지역에서 생산된 것이 아니라 세계 여러 나라에서 온 다양한 재료가 이곳저곳을 넘나들며 만들어진 결과물이죠. 이제부터 이 보이지 않았던 연결고리를 들여다보려 합니다.

우리가 즐겨 먹는 과자 포장지의 뒷면을 유심히 살펴본 적 있나요? 포장지 뒷면에는 영양 정보 외에도 원재료명에 대한 정보가 적혀있습니다. 밀은 미국에서, 감자는 호주에서, 옥수수는 러시아에서 온다네요. 그런데 우리나라에서도 생산되는 밀, 감자, 옥수수를 왜 굳이 외국에서 수입해 사용하는 걸까요? 그리고 이 원재료들은 어떤 경로를 거쳐 우리에게 도달할까요?

그 이유를 파헤치기 위해서는 먼저 농업의 세계화에 대해 이해해야 합니다. 세계화란 정치, 경제, 문화 등 다양한 방면에서 전 세계가 서로 연결되고 상호의존성이 높아지는 현상을 의미합니다. 그중에서도 농업 분야에서의 세계화는 식량의 생산, 유통, 소비가 한 지역에 국한되는 것이 아니라 전 세계적인 네트워크를 통해 이루어지는 것을 뜻합니다.

사실 식량 생산은 특정 지형과 기후 조건이 필요하고, 각 지역의 사회 문화적 요인에 영향을 받는 국지적인 과정입니다. 하지만 오늘날 농산물이 전 세계를 자유롭게 이동할 수 있게 된 배경에는 크게 세 가지 요인이 있습니다. 첫째, 교통과 정보통신기술이 발달하면서 지역 간 교류가 증가했기 때문입니다. 지리학자 데이비드 하비David Harvey는 이러한 현상을 '시공간 압축time-space compression'이라고 표현했습니다. 거리에 의한 마찰 효과가 감소하여 인간 활동의 시공간적 도달 범위가 급속히 확장되었다는 개념입니다. 교통 기술과 더불어 냉동 보관 기술이 발전하면서

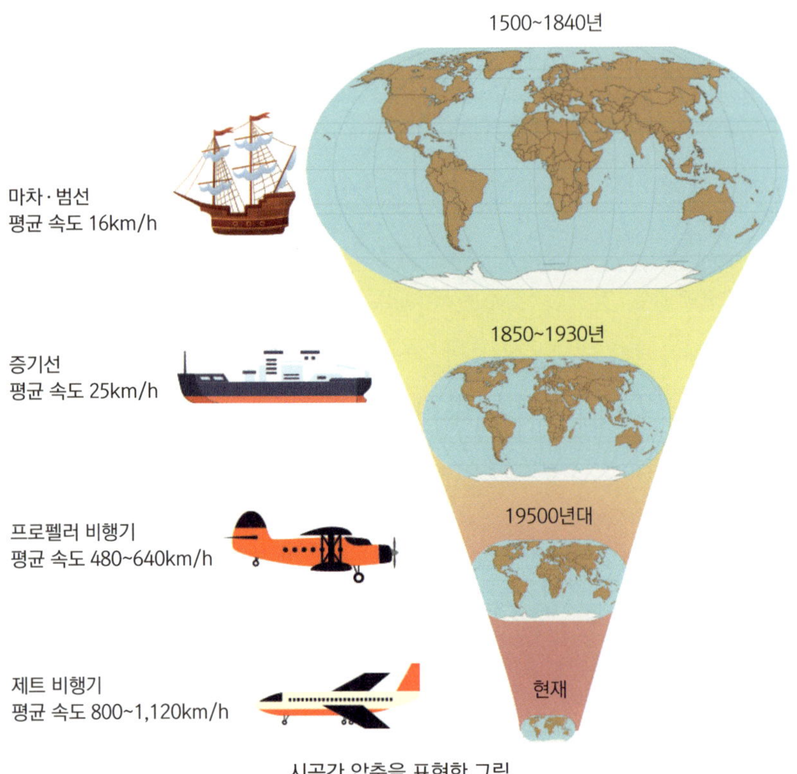

시공간 압축을 표현한 그림

출처: 경제지리학

식품을 신선한 상태로 먼 거리까지 운송하는 것이 가능해졌습니다. 또한 정보 교류가 활발해지면서 소비자들이 점점 더 다양한 식재료와 농산물을 원하게 되었고, 이에 따라 국제 교역이 확대되었습니다.

둘째, 농업 기술의 혁신입니다. 과거에는 소규모로 곡물을 재배하며 자급자족하는 방식이 일반적이었습니다. 그러나 오늘날에는 농업 기술의 발달로 농자물을 대량 생산하는 것이 가능해졌습니다. 기계회, 화학 비료 사용, 유전자 변형 작물GMO의 도입 등으로 농업 생산성이 획기적으로 높아졌고, 이로 인해 기업이 농산물의 생산, 유통, 판매까지 전 과정을 통합적으로 관리하는 기업화된 농업이 등장하였습니다. 이렇게 생산된 잉여농산물은 다른 나라로 수출되었고, 물류와 유통망 발전을 통해 농업의 세계화에도 크게 기여했습니다.

농업 기술 혁신은 1940년대부터 1960년대에 걸쳐 급격히 진행되었는데요. 특히 미국의 지원으로 개발도상국의 식량 생산량이 비약적으로 증가한 변화를 '녹색혁명green revolution'이라고 부릅니다. 그런데 미국이 개발도상국의 농업 기술 개발과 식량 증산을 도운 데에는 지정학적 이유가 있었습니다. 제2차 세계대전 이후 등장한 여러 신생 독립국가가 극심한 식량부족과 정치적 불안정을 겪으며 저개발 상태에 놓여있었습니다. 미국은 이러한 빈곤 문제가 공산주의 확산의 주요 원인이라고 분석했습니다. 이에 따라 제3세계 국가들의 빈곤을 퇴치하고 공산주의를 억제하기 위해 원조 정책을 시행했으며, 그 일환으로 시작된 것이 바로 녹색혁명이었던 것입니다.

그런데 이 녹색혁명의 중심에 우리나라 토종 밀인 앉은뱅이 밀이 있었다는 사실을 알고 있나요? 과거 대부분의 밀 품종은 키가 커서 바람에 쉽게 쓰러지는 문제가 있었고, 이는 곧 수확량 감소로 이어졌습니다. 이를 해결하기 위해 미국의 농학자 노먼 볼로그Norman Ernest Borlaug는 일본 밀과 멕시코 재래종 밀을 교배하여 '소노라Sonora'라는 새로운 밀 품종을 개발했습니다. 이 품종은 키가 작아 강풍에도 쓰러지지 않고, 척박한 땅에서도 잘 자라 밀 생산량을 비약적으로 증가시켰습니다. 그런데 놀랍게도 이 일본 밀의 조상이 바로 우리나라의 앉은뱅이 밀이라고 합니다. 앉은뱅이 밀은 단순히 한 지역의 전통 품종을 넘어, 과거 밀 수입국이었던 국가들이 밀 수출국으로 거듭날 수 있게 하고, 전 세계 기아 문제 해결에 이바지한 자랑스러운 유산이 되었습니다. 이처럼 녹색혁명은 세계적으로 농업 생산량이 획기적으로 증가하는 계기가 되었으며, 국제적인 농업 네트워크를 형성함으로써 농업 세계화의 기초를 마련했습니다.

셋째, 무역이 자유화되면서 농업의 세계화를 촉진했습니다. 47대 미국 대통령으로 당선된 도널드 트럼프는 취임 첫날인 2025년 1월 20일이 되자마자 멕시코와 캐나다에는 신규 25% 관세를 매기고, 중국 상품에는 기존 관세에 10%를 추가할 것이라고 발표했습니다. 이처럼 정부가 자국 산업을 보호하고자 수입품에 세금을 부과하여 가격을 인위적으로 올리는 관세 장벽, 수입량이나 품목을 제한하는 비관세 장벽 등을 활용해 국제 무역에 개입하는 제도를 보호무역이라고 합니다.

그런데 과거 1930년대에도 미국이 높은 과세를 부과하여 다른 나라들도 보복관세를 부과했던 적이 있습니다. 이러한 무역 장벽은 세계 경제에 부정적인 영향을 미쳤고, 이후 대공황과 제2차 세계대전을 경험하면서 국제적인 경제 침체를 복구하기 위해서는 무역 장벽을 낮출 필요성을 느끼게 되죠. 그 결과 1947년 제네바에서 미국을 비롯한 23개국이 참여하여 관세 및 무역에 관한 일반 협정GATT, General Agreement on Tarrifs and Trade이라는 다자간 국제 무역협정을 체결하게 됩니다. 이때까지만 해도 농산물은 적용 대상에서 제외됐었습니다.

시간이 지나면서 GATT 체제에 법적 강제력을 부여하고, 농산물과 서비스업까지 그 대상을 확대해야 한다는 목소리가 커졌습니다. 이에 따라 1986년 우루과이에서 시작된 협상은 총 8차례의 협상을 거쳐 마침내 1994년, 협상에 참여한 116개국 모두가 자유무역을 약속하면서 우루과이 라운드Uruguay Round가 타결되었습니다. 이때 우루과이 라운드 협정의 이행을 감시할 세계무역기구WTO, World Trade Organization 설립에도 합의했죠. WTO는 무역 규범을 보다 강력히 집행할 수 있는 국제기구로, 농업 무역 장벽을 완화하고 각국에서 생산된 식량이 더 자유롭게 교환될 수 있는 제도적 환경을 마련했습니다. 국제 농업 무역이 본격적으로 세계화되는 기반이 조성된 것이죠.

농업의 세계화는
우리 삶을 어떻게 바꿨을까?

그렇다면 농업의 세계화는 우리 삶에 어떤 영향을 미쳤을까요? 먼저 첫째, 규모의 경제를 실현하여 세계 각국에서 생산된 식재료와 음식을 더 저렴하게 구입할 수 있게 되었습니다.

1960년대 후반 한국을 배경으로 한 애니메이션 '검정 고무신'을 본 적 있나요? 주인공 기영이가 바나나를 먹고 너무 맛있어서 감격에 겨워 우는 에피소드가 유명합니다. 당시 바나나 한 송이의 가격은 쌀 한 말(8kg)과 맞먹을 정도로 고급 과일로 여겨졌습니다. 그러나 오늘날 바나

나는 편의점이나 카페에서도 흔히 접할 수 있는 아침 식사 대용 과일이
되었죠. '규모의 경제Economies of Scale'란 생산 규모를 증가시킴으로써 단
위 생산비가 감소하는 현상을 말합니다. 열대기후 지역에서 대량으로 바
나나를 재배하고, 이를 대규모로 운송하고 유통하는 시스템이 갖춰졌기
때문에 지금처럼 저렴한 가격에 바나나를 소비할 수 있게 된 것입니다.

둘째, 소비자의 선택권이 다양화되었습니다. 과거에는 쉽게 접할 수
없었던 먹거리도 수입을 통해 쉽게 구매할 수 있게 되니 식탁이 훨씬 풍
성해졌죠. 세계적으로 농산물 공급망이 형성되어 있어 굳이 한 지역에서
만 수입할 필요가 없어졌고, 그 결과 계절과 관계없이 언제든 신선한 채
소와 과일을 구할 수 있게 되었습니다. 예를 들어 뉴질랜드산 키위가 수
확되지 않는 12월부터 3월 사이에는 국내에서 생산된 제주산 키위가 유
통되면서 1년 내내 키위를 즐길 수 있게 되었습니다. 또한 특정 국가가
자연재해 등으로 인해 생산량이 감소하더라도 다른 국가에서 수입함으
로써 안정적으로 식량을 공급받을 수 있는 장점도 있습니다. 나아가 수
출국 간 경쟁으로 가격 경쟁이 촉진됨으로써 소비자들은 더 저렴한 가
격에 농산물을 구매할 수 있는 효과도 나타났죠.

셋째, 개발도상국도 농산물 수출을 통해 경제 성장을 이룰 수 있습니
다. 예를 들어 남아메리카의 칠레는 포도, 사과, 체리 등 고품질 과일과
와인을 대량 생산하여 국제 시장에서 높은 경쟁력을 확보하고 있습니다.
그 결과 와인 산업만으로도 10만 개 이상의 일자리가 창출되었으며, 농
산물 교역을 통해 연간 약 70억 달러 이상의 수익을 벌어들이고 있습니
다. 우측 그래프에서도 확인할 수 있듯이 칠레의 농식품 수출액은 매년

증가하는 추세를 보이며, 농식품 무역에서 지속적으로 흑자를 기록하고 있습니다. 세계 농산물 시장의 개방은 개발도상국에게도 경제 발전의 중요한 기회로 작용할 수 있는 것입니다.

이처럼 농업의 세계화는 식탁 위의 다양성과 편의를 가져왔지만, 동시에 여러 문제를 초래했습니다. 첫째, 지역 농업의 쇠퇴입니다. 앞서 살펴본 기아의 원인에서 알 수 있듯이 수입 농산물이 현지 농산물보다 훨씬 저렴하게 판매되면서 지역 농민들의 생계가 위협받고 지역 농업은 경쟁력을 잃고 쇠퇴하게 됩니다. 우루과이 라운드 협상 당시 한국 농민들이 거센 시위를 벌이며 반발했던 이유도 바로 이러한 생존권 위협 때문이었습니다.

둘째, 식량 안보의 위협입니다. 농산물의 국제 교류가 활발해지면서

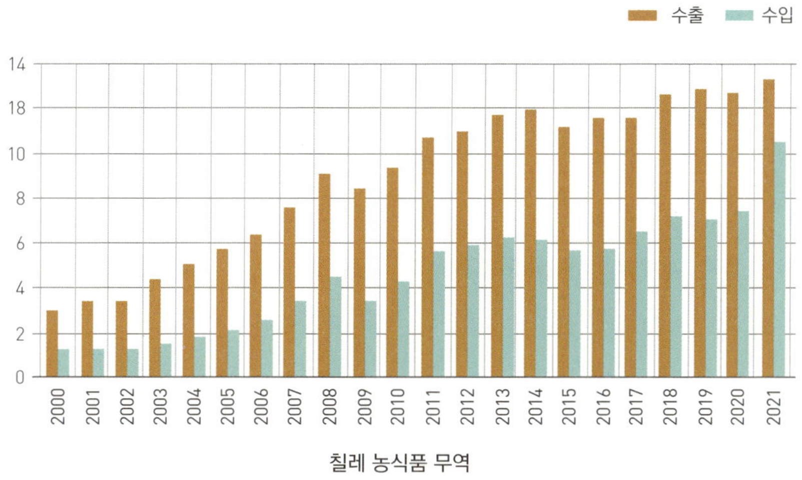

칠레 농식품 무역

출처: OECD Agricultural Policy Monitoring and Evaluation 2023

국가 간 비교우위를 기반으로 특정 지역에서 가장 효율적으로 생산되는 작물, 또는 국제 시장에서 수익성이 높은 원예작물, 기호작물, 상품작물 등을 위주로 재배하기 시작했습니다. 이는 곧 단일작물 경작으로 이어졌으며, 그 결과 식량 자급률은 하락하고 수입 의존도는 높아지는 문제를 낳았습니다. 식량 자급률이란 국내에서 소비되는 식량 중 국내에서 생산된 식량이 차지하는 비율을 뜻합니다. 즉, 국내 생산만으로 소비를 충족할 수 있다면 식량 자급률이 높다고 할 수 있지만, 수입에 의존해야 소비량을 채울 수 있는 경우에는 식량 자급률이 낮다고 봅니다.

이 문제는 우리나라 역시 예외가 아닙니다. 우리나라는 OECD 회원국 중 최저 수준의 식량 자급률을 기록하고 있으며, 쌀을 제외한 주요 곡물의 대부분을 수입에 의존하고 있기 때문입니다. 우측 우리나라의 식량(곡물) 자급률 추이 그래프를 보면 사료를 포함한 곡물 자급률과 식용 목적의 식량 자급률 모두 지속적으로 감소하고 있음을 확인할 수 있습니다. 또한, 우리나라는 세계에서 곡물 수입량이 7번째로 많은 국가로, 세계 식량 자급률 통계 지도에서도 우리나라 식량 자급률이 세계적으로 최하위를 기록하고 있음을 알 수 있습니다. 이렇게 되었을 때의 문제점은 기후 변화, 전쟁 등 예상치 못한 국제적 위기 상황에서 식량 공급이 불안정해지거나 가격이 폭등할 위험이 있다는 것입니다. 실제로 2022년, 코로나 19 팬데믹에 이어 우크라이나 전쟁이 발발하면서 주요 곡물 수출국들이 수출을 제한했었죠. 이로 인해 국제 곡물 가격이 급등하였고, 수입 의존도가 높은 국가들이 심각한 타격을 입는 상황이 벌어졌습니다.

셋째, 선진국과 개발도상국 간 불평등의 심화입니다. 선진국과 개발

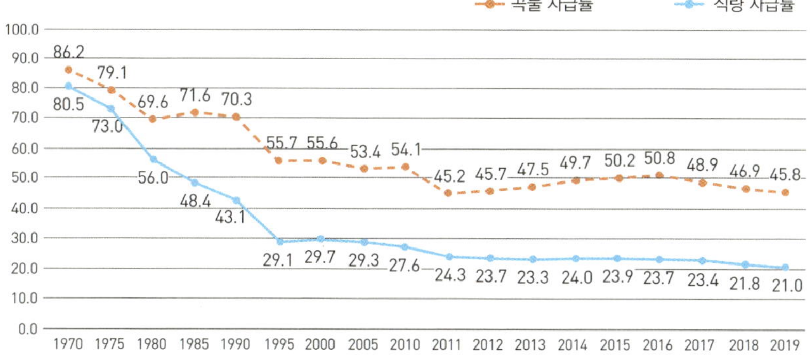

우리나라의 식량(곡물) 자급률 추이

출처: 국회예산정책처

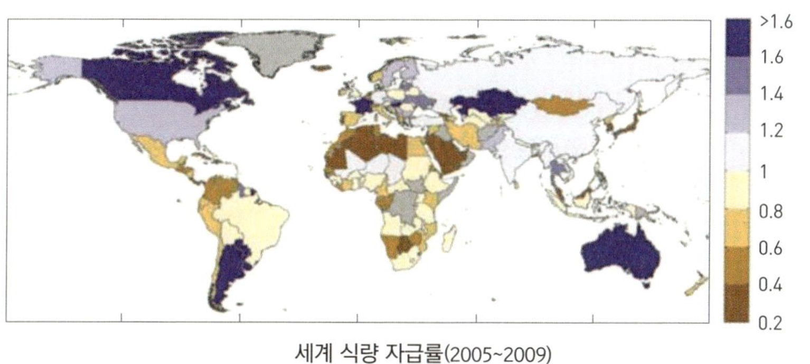

세계 식량 자급률(2005~2009)

출처: FAO

도상국은 자본과 기술의 격차로 인해 농업 생산성에서 큰 차이를 보이게 됩니다. 뿐만 아니라 앞서 기아의 원인에서 살펴본 농업 보조금, 농경지 약탈 등 불공정한 무역 구조는 이러한 격차를 더욱 심화시키고 있습니다. 그 결과, 선진 농산물 수출국과 다국적 기업은 막대한 이익을 얻는 반면, 이들과의 경쟁에서 밀린 소규모 농민과 개발도상국은 세계 시장에서 점점 설 자리를 잃어가고 있습니다. 실제로 미국 농가의 순소득은 2020년 940억 달러, 2021년 1,400억 달러, 2022년 1,830억 달러로 3년간 크게 상승했습니다. 이는 선진국 농업이 글로벌 식품시장에서 얼마나 큰 경제적 이익을 얻고 있는지를 보여줍니다. 그러나 무역 자유화는 세계 모든 나라에게 동일한 이익을 가져다주지는 않았습니다. 오히려 식량 수입국인 제3세계 국가들의 농업 기반을 약화시키고, 이들 국가가 수입에 의존하는 결과를 초래했습니다.

넷째, 다양한 환경 문제를 유발합니다. 치킨 마일리지가 쌓이면 치킨이 오지만, 푸드 마일리지가 쌓이면 살충제가 온다고 합니다. 이게 무슨 말일까요? 푸드 마일리지Food Mileage란 농산물이 생산된 후 소비자 식탁에 도달하기까지의 이동 거리를 뜻합니다. 과거에는 지역 내에서 식량을 생산하고 소비하던 구조였지만, 농업의 세계화로 생산지와 소비지가 분리되면서 소비자는 자신이 먹는 음식이 어디에서, 어떤 방식으로 생산되었는지 알기 어려워졌죠. 장거리 운송 과정에서 농산물의 신선도를 유지하기 위해 방부제와 살충제를 사용하게 되며, 이는 소비자 건강에 악영향을 미칩니다. 뿐만 아니라 항공과 선박 운송은 막대한 양의 탄소를 배출하여 지구 온난화를 비롯한 환경 문제를 악화시키고 있습니다.

대량 생산을 추구하는 현대 농업 시스템 역시 환경에 심각한 영향을 미칩니다. 화학 비료와 농약의 과도한 사용은 토양 오염과 수질 악화를 초래하며, 생물 다양성을 감소시키는 주요 요인으로 작용하고 있습니다.

또한 세계저인 육류 소비량을 충족하기 위해 사료 작물 재배와 목초지 개간을 목적으로 삼림이 빠르게 파괴되고 있습니다. 실제로 2022년 한 해 동안 열대우림은 1초에 무려 축구장 11개 면적만큼 사라졌다고 합니다. 삼림 훼손은 단순히 나무를 잃는 문제가 아닙니다. 생태계가 파괴되고, 탄소 흡수원 손실로 인해 기후 변화가 가속화되며, 결과적으로 지구 환경에 막대한 위기를 초래하게 될 것입니다.

농업의 세계화로 인한 다른 문제들도 이어지는 장에서 더 자세히 살펴볼 예정입니다. 농업의 세계화는 우리 식탁을 풍요롭게 만들었지만, 그 이면에는 지역 농민과 개발도상국의 눈물, 그리고 환경 파괴라는 대가가 숨겨져 있었습니다. 우리가 매일 접하는 음식이 단순한 소비 대상이 아니라 세계화라는 거대한 연결망 속에서 형성된 결과물이라는 사실을 잘 인지하고 있어야겠죠? 나아가 지속 가능한 농업과 공정한 무역 체계를 구축하기 위한 방안에 대해서도 진지하게 고민해볼 필요가 있겠습니다.

보이지 않는 밥상 위의 손, 'ABCD'

"우리는 여러분이 먹는 빵의 밀가루, 국수의 밀, 달걀프라이의 소금이며 토르티야의 옥수수, 디저트의 초콜릿, 청량음료의 감미료입니다. 우리는 또한 여러분이 먹는 샐러드 드레싱의 올리브유이며 여러분의 저녁 식탁에 오르는 이게 도대체 무슨 말일까요? 밀가루이자 고기이자 비료라니 말이죠. 넌센스 스무고개 같은 이 문제의 답이 무엇인지 감이 오시나요? 이들은 밀이나 옥수수 같은 곡물을 대규모로 매입해 판매하고, 카카오와 옥수수를 가공해 초콜릿과 감미료를 제조하며, 농산물 생산에 필요한 종자, 비료, 살충제 등을 공급합니다. 또한 대규모 가축 농장을 운영하며 세계 최대의 소고기 분쇄육 공급회사로 자리 잡았는데요, 미국 내 맥도날드 매장에서 사용되는 소고기 패티와 달걀은 모두 이곳에서 공급하고 있을 정도라고 합니다. 이외에도 미국 최대의 민간 기업이자 세계 1위 곡물 회사라는 타이틀을 갖고 있죠. 당장이라도 투자하고 싶은 마음을 갖게 만드는 이 회사는 미국 비상장회사 2위인 '카길'입니다. 이렇게나 규모와 영향력이 큰 기업임에도 불구하고 그 이름이 생소한 사람이 더 많을 것입니다. 주로 일반 소비자가 아닌 기업을 고객으로 삼고 있기 때문이죠.

이처럼 세계적으로 농산물의 생산, 가공, 저장, 유통, 판매까지 전 과정을 통합적으로 관리하는 다국적 대기업들을 곡물 메이저라고 부릅니다. 이 명칭은 세계 원유 시장을 장악하고 있는 거대 석유 회사들을 석유 메이저라고 칭하는 데에서 유래하였죠. 곡물 메이저 중에서도 4대 기업인 아처 대니얼스 미들랜드Archer Daniels Midland, 벙기Bunge, 카길Cargill, 루이 드레퓌스Louis Dreyfus의 앞글자를 따서 ABCD라고도 부릅니다.

이들 ABCD는 100년이 넘는 역사를 이어오며 독점적인 지위를 확

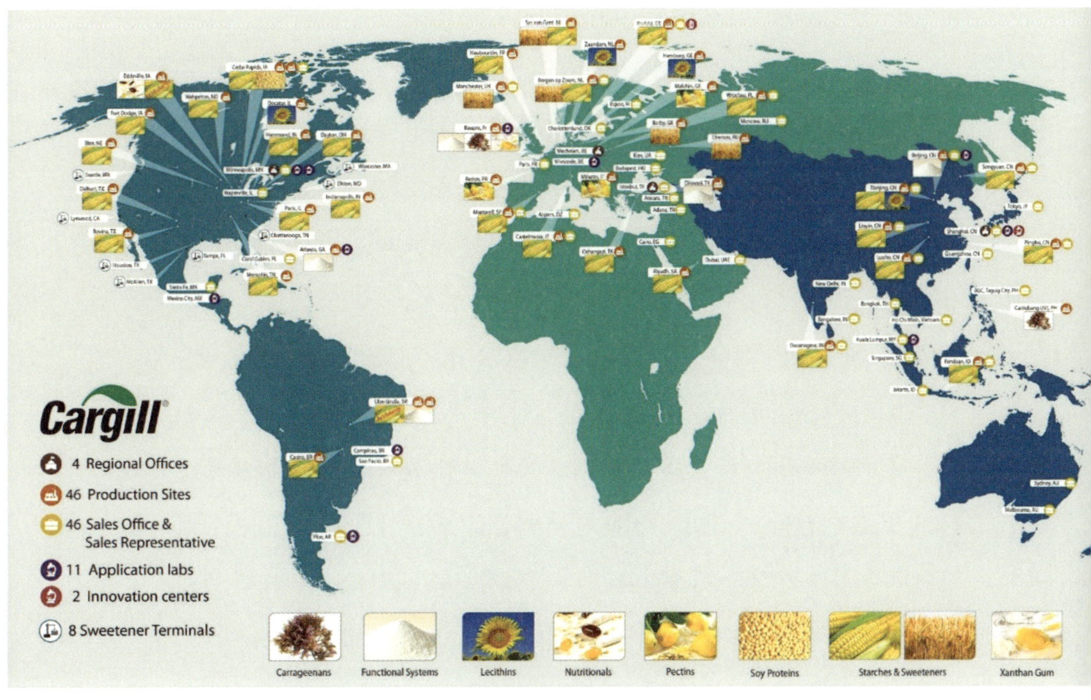

카길의 글로벌 발자취
카길 말레이시아 지점만 해도 전 세계적으로 4개의 지역 사무소, 46개의
생산지, 46개의 영업소, 11개의 연구소, 2개의 혁신센터, 8개의 감미료 터미널을 운영 중이며,
이들은 카라기난(천연다당류), 레시틴(인지질), 펙틴(천연다당류), 콩 단백질, 녹말&감미료 등을
취급하고 있다

출처: 카길 말레이시아

립해왔습니다. 전 세계 곡물 교역량의 80%를 장악하고 있으며, 그중에
서도 규모가 가장 큰 카길은 약 40%를 점유하고 있죠. "식사하셨어요?
카길을 드셨군요"라는 말이 있을 정도로 카길을 포함한 곡물 메이저는
음식이 우리 식탁 위에 오르기까지 전 과정에 관여하며 '밥상 위의 보이

지 않는 거대한 손' 역할을 하고 있습니다.

이들의 영향력은 단순히 식량 시장에 국한되지 않고 농업 자재, 의류, 가정용품 등 우리의 일상 전반에까지 그 손길이 닿아 있습니다. 오늘날 이들의 존재 없이는 일상생활을 상상하기 어려울 정도죠. 그렇다면 ABCD는 어쩌다가 오늘날 세계 식량 시장의 지배자로 성장할 수 있었을까요?

곡물 메이저는 대부분 19세기 중반에 소규모 무역업체로 출발했습니다. 카길은 소금판매업, ADM은 분쇄업, 벙기는 향신료 무역상으로 시작하여 농가에서 매입한 곡물을 대도시에 직접 팔거나 위탁 판매했죠. 당시 철도와 선박 기술이 발전하면서 곡물을 이동시킬 수 있는 기반이 마련되자 이들은 강과 기찻길을 따라 곡물창고를 지었습니다. 또한 관련 기업들을 적극적으로 인수, 합병하면서 점차 규모를 확장해나갔습니다.

곡물 메이저가 급성장하게 된 계기는 1954년부터 1970년대까지 미국의 식량 원조 프로그램을 위탁받으면서부터입니다. 제2차 세계대전 이후 기계화, 관세 장벽 등으로 잉여농산물이 많아진 미국은 저개발국에 식량을 지원하기 시작했습니다. 우리나라도 1950년대 중반부터 1970년대 후반까지 미국으로부터 식량 원조를 받던 나라 중 하나였습니다. 그러나 이러한 지원은 단순한 인도적 차원에서만 이루어진 것이 아니었습니다. 미국의 농산물 시장을 확장하려는 전략이 숨겨져 있었죠. 실제로 우리나라는 미국의 값싼 밀가루 원조를 받은 이후 국내 밀 농업이 붕괴되면서 미국산 밀을 지속적으로 수입하는 구조로 전환되었습니다. 이 과정에서 곡물 메이저는 세계 시장에서의 입지를 강화하고 막대한 경제적

이득을 얻는 기회를 얻은 반면, 식량 원조를 받았던 국가들은 전통적인 재배방식과 토종 종자를 잃고 식량의 수입 의존도가 높아지는 결과를 맞게 되었습니다.

곡물 메이저의 정치적 영향력이 커지고 활동이 본격적으로 이슈화된 것은 우루과이 라운드 협정 때였습니다. 1986년 미국 농무부와 무역대표부USTR를 중심으로 농업 정책을 설계하고 국제 협상 전략을 수립하기 위해 농업정책개발그룹이 결성되었습니다. 당시 카길, 몬산토, 노비스코 등 거대 농산물 기업들은 미국 정부와 긴밀한 관계를 유지하며 농업정책개발그룹의 정책 결정 과정에 간접적으로 영향력을 행사했습니다. 농업 정책 설계에 필요한 데이터를 제공하거나 강력한 로비 활동을 통해 자신들에게 유리한 방향으로 정책이 진행되도록 유도한 것이죠. 그 결과 우루과이 라운드 협상에서 농업 보조금이 감축되고 관세가 완화되었으며 생산량 조절 정책이 약화되었습니다. 이러한 변화는 농업의 세계화를 가속화하며 곡물 메이저가 국제 시장에서 더 강력한 영향력을 미칠 수 있는 기반을 마련해주었습니다.

오늘날 곡물 메이저는 사업구조의 다각화를 추진하고 있습니다. 곡물은 작황에 따라 시세 변동이 심하므로 위험을 분산하고 안정적인 수익을 확보하기 위해서는 사업 영역을 확장할 필요가 있기 때문이죠. 사료, 정육, 식품 분야는 물론 금융, IT, 바이오, 화학, 해운 등 다양한 산업으로 진출하고 있습니다. 특히 최신 기술과 데이터를 적극 활용하여 시장 경쟁력을 강화하고 있는데요. 인공위성으로 세계 주요 곡창지대의 기상과 작황 상태를 하루 3회 모니터링하고, 가축 안면 인식 소프트웨어를

농산물 가치사슬

출처: 한국농촌경제연구원

통해 사육 중인 소들의 사료 섭취량과 우유 생산량을 실시간으로 파악하는 등 정밀한 관리 체계를 구축하고 있습니다. 이러한 기술력을 바탕으로 더 높은 수익을 창출하며 세계 농업과 식량 시장에서의 지배력을 한층 공고히 하고 있습니다.

우리나라를 비롯한 다른 나라들도 제2의 카길을 양성하기 위해 갖은 노력을 해왔습니다. 그럼에도 불구하고 더 이상 새로운 거대 초국적 농업 기업이 탄생하지 못하는 이유는 무엇일까요? 농식품이 소비자인 우리에게 다다르기까지는 위의 그림과 같이 여러 단계를 거칩니다. 그리고 각 단계별로 기업이 부가가치를 창출하는 과정을 가치사슬value chain이라고 부릅니다. 예를 들어 투입요소 단계에서는 종자, 사료, 비료, 농약 등을 생산하여 판매할 수 있겠죠.

곡물 메이저는 지구상에서 가장 값싸게 농산물을 재배할 수 있는 토지를 매입하고, 가장 저렴하게 가공할 수 있는 지역에 공장을 세우며, 세계 주요 항만에 곡물을 저장해두었다가 가장 비싸게 팔 수 있는 시장을 찾아갑니다. 이처럼 이들은 곡물 생산뿐만 아니라 종자, 가공 공장, 곡물을 보관하고 운송 수단에 적재하는 곡물 엘리베이터 같은 저장시설, 항

미국 네브래스카주에 위치한 곡물 엘리베이터

출처: plxabay

구, 선박회사까지 유통과 관련된 모든 인프라를 직접 소유하고 있습니다. 특히 곡물의 저장과 선적에서 압도적인 경쟁 우위를 확보함으로써 유통과 교역 단계에서 막대한 이윤을 창출하고 있죠. 즉, 곡물 매매 중계는 물론 수송, 가공, 하역, 선적, 배분, 저장 등 유통과정 전반을 완벽히 장악하고 있기에 새로운 기업이 곡물 거래 시장에 진입하기란 사실상 불가능한 구조를 형성하고 있습니다.

식량이 무기가 될 수 있다고?

찌개에 많이 넣어 먹고, 땡초 김밥에도 들어가며, 삼겹살과 함께 즐겨 먹는 한국인의 소울 푸드, 청양고추의 국적은 어디일까요? 처음 개발은 1983년 국내 종자회사인 중앙종묘에 의해 이루어진 것이 맞지만, 안타깝게도 지금은 해외에서 종자를 사와야 합니다. 1998년 외환위기(IMF 사태) 당시 중앙종묘가 멕시코 종자회사 세미니스Seminis에 매각되면서 청양고추의 종자 소유권이 국외로 넘어갔습니다. 이후 세미니스는 2005년 미국 거대 종자회사인 몬산토Monsanto에 합병되었고, 2018년에는 몬산토가 독일계 화학·제약 대기업 바이엘Bayer에 인수되면서 현재는 바이엘이 청양고추의 종자 소유권을 갖고 있습니다. 농촌진흥청에 따르면 우리나라가 2019년부터 5년간 외국에 지급한 종자 로열티는 454억 원에 달한다고 합니다. 반면 같은 기간 외국으로부터 받은 로열티는 21억 원에 불과했죠. 이러한 격차는 우리나라뿐만 아니라 세계 여러 나라에서 나타나고 있으며, 많은 국가가 농업의 기반이 되는 종자 주권을 잃어가고 있는 현실을 보여줍니다.

곡물 메이저는 기업 이익을 위해 식량을 무기화하여 교역 과정에서 냉혹한 결정을 내리거나 가격을 조작하기도 합니다. 1998년 식량난을 겪고 있던 북한은 카길로부터 밀 2,000톤을 공급받는 대가로 아연을 대금으로 지급하는 구상무역을 계약했습니다. 그러나 북한이 아연괴를 제때 준비하지 못하자 카길은 운송 중이던 수출선을 공해상에서 돌려 다른 나라에 밀을 판매해버렸습니다. 또한 1980년 우리나라가 냉해로 인해 쌀 부족 사태를 겪었을 때, 미국에서 쌀을 수입해야 했습니다. 그러나 그 조건은 시세의 3배 가격으로 5년간 수입 계약을 체결해야 한다는 매우 불리한 거래였습니다. 이처럼 곡물 메이저는 전 세계 곡물 무역의

80%를 독점하며 자연재해나 전쟁 등으로 곡물 공급이 부족해진 국가들에 높은 가격으로 식량을 판매하거나, 유통을 조절하고 제한함으로써 가격 상승을 유도합니다. 심지어 수출 금지나 가격담합과 같은 불공정 무역행위를 통해 더 큰 이익을 추구하기도 합니다. 이러한 행태 때문에 곡물 메이저는 흔히 '곡물 마피아'라 불리기도 합니다.

더 큰 문제는 이들이 정말로 '보이지 않는' 손이라는 점입니다. 곡물 메이저는 비공개 기업 구조로 운영되기 때문에 거래 내역이 거의 드러나지 않으며, 권력이 가족 중심으로 집중되어 있어 재정과 운영의 투명성이 부족하다는 비판을 받습니다. 이들은 국가별 작황, 수급 상황, 거래 내용과 같은 정보를 철저히 비공개로 유지하는데, 이는 이러한 정보가 곧 수익과 직결되기 때문입니다. 거래 방식 또한 세계 각국의 지사나 대리점을 경유해 이루어지므로 발주지와 도착지를 추적하는 것이 거의 불가능합니다. 자금 결제는 법인세율이 낮고 외환거래가 자유로운 스위스 현지법인을 통해 진행되며, 비밀 계좌를 활용해 자금을 운용하는 것으로 알려져 있습니다.

특히 카길은 비상장사로 매출액이나 순이익이 공개되지 않아 구체적인 실적은 추측만 할 뿐입니다. 많은 기업이 외부 투자를 받기 위해 주식시장에 상장하는데, 비상장사로 운영한다는 것은 외부 자금 없이 회사 자체적으로도 충분한 매출과 순이익을 창출하고 있다는 것을 의미합니다. 또한 외부 감시와 규제로부터 자유롭기에 막대한 권력을 행사할 수 있습니다.

이외에도 그들은 기아 문제를 심화시키는 바이오에너지 대량 생산,

선물 거래를 통한 투기적 이익 추구, 남반구 농경지 약탈과도 깊이 연관되어있습니다. 뿐만 아니라 사료 작물 재배를 위한 무분별한 삼림 파괴, 단일경작으로 인한 토양 황폐화와 생물 다양성 감소, 화학 비료와 농약 사용으로 인한 수질 오염 등 다양한 환경 문제에서도 책임을 피할 수 없습니다. 곡물 메이저는 단순히 이익 추구에 몰두할 뿐이지만 그 뒤에는 우리 사회와 지구 환경에 심각한 영향을 미치는 그림자가 드리워져 있다는 사실을 잊지 말아야 합니다.

달콤한 맛 뒤에 감춰진 아이들의 피, 땀, 눈물

여러분은 '바나나' 하면 어떤 노래가 떠오르나요? 아마도 뽀로로의 바나나 차차, 또는 미니언즈의 바나나 송 같은 밝고 즐거운 노래가 떠오를 겁니다. 그런데 이번에 소개할 노래는 마찬가지로 경쾌한 멜로디를 갖고 있지만 가사 내용은 그렇게 밝지만은 않은 곡입니다. 미국 가수 해리 벨라폰테의 〈바나나 보트 송〉이라는 노래인데요. 자메이카 부모님을 둔 해리 벨라폰테는 자메이카의 민속 음악과 미국 민요를 결합하여 이 노래를 만들었습니다. 당시 이 곡은 미국인들이 떼창으로 따라 부를 만큼 유명했답니다. 그럼 이 흥미로운 노래의 가사 일부를 함께 살펴볼까요?

이 가사는 바나나를 수확하고 나르는 노동자의 입장에서 쓰였습니다. 그런데 이들은 왜 럼주를 마셔가면서까지 밤새 일하고 아침이 되었는데도 집에 갈 수 없는 걸까요? 그 이유를 이해하기 위해서는 먼저 플랜테이션 농업에 대해 알아볼 필요가 있습니다.

플랜테이션 농업은 주로 열대기후 지역의 개발도상국에서 이루어지는 기업적 농업 형태를 말합니다. 플랜테이션Plantation이라는 단어는 'plant(심다)'에서 유래했는데, 처음 등장했을 때는 '인간에게 유용한 작물을 심는 농업'을 의미했죠. 과거 서양 국가들이 아프리카, 동남아시아, 라틴 아메리카를 식민지로 삼았던 시절로 돌아가 보겠습니다. 유럽인들은 카카오, 커피, 사탕수수 등 덥고 습한 열대기후 지역에서만 자라는 작물을 보고, 이를 유럽으로 가져다 팔면 막대한 수익을 올릴 수 있다고 생각했을 것입니다. 그래서 넓은 땅에 상품성이 높은 작물들을 대규모로 재배하기 시작했죠. 이처럼 유럽인의 자본과 기술, 원주민의 값싼 노동력, 그리고 열대기후의 환경이 결합되어 탄생한 것이 플랜테이션 농업입니다. 아래 그림에 보이는 사탕수수를 수확하는 흑인 노동자들과 채찍을 들고 이를 감시하는 서양인의 모습은 당시 플랜테이션 농업의 전형적인 모습을 보여줍니다.

과거 자메이카에서 플랜테이션 농장을 운영하던 백인들은 노예들을 시켜 바나나를 수확하고 배로 나르도록 했습니다. 그런데 여러분이 만약 농장주라면 하루 중 몇 시쯤에 바나나를 나르게 할 것 같나요? 자메이카는 열대기후 지역이어서 낮에는 더위가 극심하기 때문에 작업 능률을 높이기 위해서는 밤에 노동을 시키는 것이 더 효과적입니다. 그래서 자메이카 노예들은 한밤중부터 새벽까지 바나나를 수확하고 배로 옮

사탕수수 플랜테이션 농장에서 일하는 노예와 그들을 감시하는 유럽인

기는 고강도 노동에 시달려야 했습니다.

여러분도 밤새 무언가를 해본 경험이 있나요? 얼마나 힘들고, 빨리 끝낸 뒤 자고 싶었는지 떠올려 보세요. 자메이카 노예들도 마찬가지로 밤새 이어지는 고된 노동 속에서 하루가 빨리 지나가기를 간절히 바라며 "Day-O(날이 샌다)"를 외치며 노래를 불렀다고 합니다. 이 노동요를 노래로 재탄생시킨 것이 바로 앞에서 봤던 〈바나나 보트 송〉이라는 노래입니다. 그래서 이 〈바나나 보트 송〉은 단순한 떼창 곡이 아닌, 값싼 노동력이라는 이유만으로 착취와 억압에 시달려야만 했던 노동자들의 고통과 절망이 담겨있는 가슴 아픈 노래입니다. 이러한 강제 노동은 과거 흑인 노예가 있던 시절, 역사 속에만 있는 이야기일까요? 안타깝지만 오늘날 현실 속에서도 계속해서 일어나는 일입니다.

라면, 과자, 아이스크림, 초콜릿, 커피 믹스, 화장품, 치약, 샴푸, 세제. 이들의 공통점이 무엇일까요? 바로 모두 팜유가 들어 있다는 점입니다. 예능 프로그램 〈나 혼자 산다〉에서 많이 언급되면서 요즘에는 우리에게도 익숙한 단어가 되었죠. 팜유는 팜나무라는 기름야자 나무에서 나는 열매로 만든 기름입니다. 식물성 기름임에도 불구하고 포화 지방산 함량이 높아 비싼 동물성 기름을 대체할 수 있어 널리 사용되고 있죠.

2023년 전 세계 팜유 생산량은 약 7억 728만 톤으로, 이 중 57%가 인도네시아에서 생산되었습니다. 또한 세계자원연구소WRI에 따르면 2001부터 2015년 사이에 약 1,000만ha(10만㎢)가 팜유 재배지로 전환되었는데, 이는 대한민국 전체 면적과 맞먹는 규모입니다. 팜유 수요가 폭발적으로 증가하자 인도네시아와 말레이시아 등에서는 대규모 팜

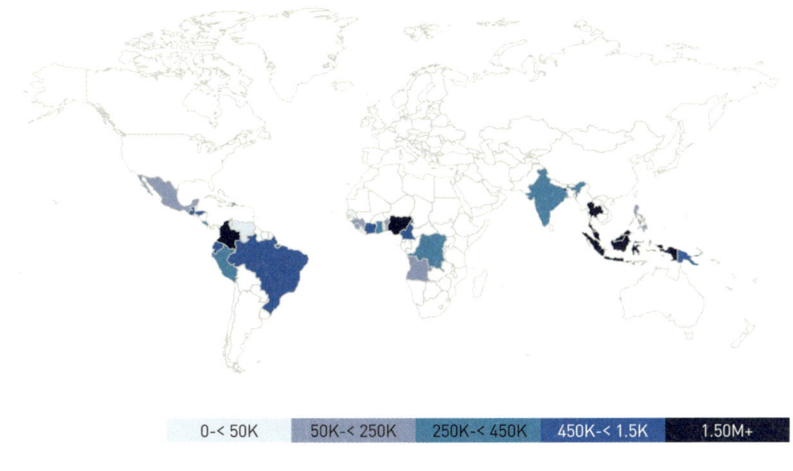

2023~2024 팜유 생산

출처: USDA

농장을 조성하기 시작했고, 플랜테이션 형태로 조직적으로 재배하고 있습니다. 삼성물산, LG상사, 대상, 코린도, 포스코대우 등 우리나라 기업들 역시 인도네시아에서 팜 농장을 운영하고 있죠.

우리가 사용하는 생활용품 대부분에 들어가는 팜유는 어떤 과정을 거쳐 만들어질까요? 팜 농장 노동자들은 무거운 팜 열매를 수확해 모으고, 품질이 좋은 열매를 선별해 공장으로 운송합니다. 공장에서는 열매를 다발에서 분리한 뒤 압착기를 통해 팜유를 추출하죠. 그러나 이러한 생산 과정은 결코 단순하지 않습니다. 열매를 수확하다가 얼굴에 맞아 실명할 수도 있고, 농장에서 코브라 같은 맹독성 동물에 노출되는 일이 빈번하며, 팜유를 가공하는 과정에서 사용되는 화학물질로 인해 호흡곤

란을 겪기 때문입니다. 하지만 더욱 놀라운 점은 이러한 강도 높은 노동에 미성년자 아이들이 동원되고 있다는 사실입니다.

팜 농장에서는 처벌을 피하기 위해 어쩔 수 없이 일하는 '강제 노동'이 일어나고 있습니다. 노동자들은 하루 850kg의 할당량을 채우지 못하면 월급이 삭감되거나 휴가가 제한되며, 심지어 해고당하기까지도 합니다. 그런데 건기처럼 일감이 적은 시기에는 할당량을 맞추기 어렵기 때문에 이를 채우기 위해 아이들을 데려와 일을 돕게 하는 것이죠. 이처럼 의무 교육을 마치지 않은 아이들이 오랜 시간 일하거나 위험한 환경에서 노동하는 경우를 '아동 노동'이라고 부릅니다.

강제 노동과 아동 노동은 인도네시아에서도 엄연히 불법입니다. 하지만 정부의 감독 인력이 부족하다 보니 농장 감시가 철저하게 이루어지지 못하는데, 기업들이 이를 악용하여 불법 행위를 지속하고 있는 것입니다. 삼성물산 역시 아동 노동 여부를 철저하게 모니터링하고 있다고 밝혔으나, 현장 관리자들은 농장 내부를 확인하지 않고 큰길에서만 감독한다는 증언이 있었습니다. 기업들이 목표로 하는 할당량 때문에 암묵적으로 아동 노동을 허용하고 있는 것입니다. 이처럼 대다수의 다국적 농업 기업들은 아동 노동을 직간접적으로 지시하거나, 그 사실을 알고도 방관하는 경우가 많습니다. 하지만 문제가 불거질 경우, 회사와는 무관한 일이라며 책임을 회피하고 아동 노동 사실을 부인하고 있죠.

"초콜릿을 먹는 나를 감옥에 보내달라." 네덜란드의 기자 반 쾨컨Teun van de Keuken은 2007년 암스테르담 법원에 2년 전 초콜릿을 먹은 죄로 유죄 판결을 요청했습니다. 자신이 초콜릿을 먹음으로써 카카오 농장에서 수십만 명의 어린이들이 혹사당하고 있다는 이유 때문이었습니다. 발렌타인 데이처럼 특별한 날뿐만 아니라 피곤하거나 우리 몸의 당이 떨어졌을 때 가볍게 즐겨 먹는 초콜릿 한 입이 아동 노동 착취와 어떻게 연결되어 있다는 걸까요?

앞서 2장 기호작물 글에서 살펴봤듯이 달콤한 초콜릿의 주원료인 카카오 열매는 대부분 서아프리카의 코트디부아르와 가나에서 생산됩니다. 그중에서도 코트디부아르가 전 세계 생산량의 40%를 차지하고 있죠. 2002년 코트디부아르 내전으로 자금이 필요했던 반군은 카카오 농장에서 일할 노동력을 확보하기 위해 아이들을 납치하기 시작했습니다. 인신매매 조직에 의해 납치되거나 가난한 부모로부터 팔려 넘겨진 아이들은 비위생적이고 위험한 환경에서 강제 노동에 시달렸습니다.

카카오는 사람이 하나하나 수확해야 하는, 손이 많이 가는 작물입니다. '마체테'라는 크고 긴 칼로 열매를 따다가 다치는 경우가 많고, 45kg이 넘는 열매 자루를 숲을 가로질러 운반해야 하며, 보호장구가 없어 살충제와 제초제에 노출되어 병에 걸리기도 합니다. 종일 뜨거운 햇빛 아래서 쉬지 않고 일하지만 충분한 식사도 주어지지 않을 뿐더러 하루 50센트(한화 약 500원) 남짓의 임금밖에 받지 못합니다. 심지어 조금이라도 느리거나 주변 나라에서 와서 말이 통하지 않는 경우 매를 맞는 등 농장주의 학대에 시달리기도 합니다. 그러나 탈출은 불가능합니다. 아이들이 도망이라도 갈까 봐 밤이면 숙소 문을 잠그고 돌아가면서 감시하거든요. 그야말로 희망이 보이지 않는 지옥 같은 삶입니다.

반 퀘컨은 이러한 초콜릿 산업 이면의 진실을 알려 소비자들로 하여

금 경각심을 갖게 하고, 나아가 초콜릿 대기업들의 아동 노동 착취에 대한 규제를 강화하도록 압박하고자 한 것입니다. 그렇다면 십여 년이 지난 오늘날의 상황은 얼마나 달라졌을까요?

2015년 발표된 미국 툴레인대학교 페이슨 국제개발센터Payson Center for International Development의 조사에 따르면, 코트디부아르 카카오 농장에서 일하는 아동 노동자는 2009년 175만 명에서 2014년 220만 명으로 오히려 증가했습니다. 코트디부아르에서 아동이 노동력으로 쓰인다는 소문과 함께 주변국인 부르키나파소, 말리, 토고 등에서 인신매매가 늘어났기 때문입니다. 코트디부아르에만 약 12,000여 명의 인신매매 피해 아동이 있는 것으로 추산되고 있습니다.

한편, 2021년에는 인권단체인 국제권리변호사들IRA이 네슬레, 허쉬, 카길, 몬델레스 등 글로벌 식품기업들을 상대로 집단 소송을 제기했습니다. IRA가 대리하는 피해자들은 서아프리카 말리 출신 8명으로, 모두 16세가 채 되기도 전에 사기를 당해 코트디부아르의 카카오 농장에서 수년간 무급無給 노역에 동원되었다고 합니다. 피고 기업들이 직접 카카오 농장을 소유한 것은 아니지만, 이러한 아동 노동 착취 사실을 알면서도 묵인했다는 비판을 받았습니다. 소송을 당한 기업들은 아동 노동에 반대하며 이를 종식하기 위해 노력 중이라는 원론적인 입장만 밝혔을 뿐입니다.

먹는 이들에게 달콤한 행복감을 선사하는 초콜릿이지만, 그 이면에는 말 그대로 아이들의 피, 땀, 눈물이 서려 있었습니다. 이러한 씁쓸한 현실이 십여 년이 지난 지금도 바뀌지 않고 반복되는 이유는 무엇일까요?

기업이 이윤을 극대화하기 위해서는 생산비를 절감해야 합니다. 생산비에는 운송비, 노동비, 원료비 등이 포함되는데, 초콜릿을 제조하는 다국적 기업들은 원료비를 줄이기 위해 카카오 1kg당 1.5달러(한화 약 2천 원)에 거래하겠다는 조건을 제시합니다. 터무니없이 낮은 가격 조건을 맞추고 경쟁력을 갖기 위해 카카오 농장주들은 노동비를 절약해야만 하죠. 그 결과 성인보다 임금이 저렴한 아이들을 고용하거나 인신매매로 데려온 아이들에게 일을 시키는 일이 벌어지는 것입니다. 즉, 다국적 초콜릿 기업들이 농장에 적정한 대가를 지불하지 않기 때문에 아동 노동 착취의 악순환이 계속되는 것입니다.

2022년 기준 스니커즈, 트윅스, 엠앤엠즈를 만드는 미국 기업 마스Mars, Incorporated는 초콜릿 판매로 세계에서 가장 많은 이익을 남겼습니다. 오레오, 밀카로 유명한 미국의 몬델리즈 인터내셔널Mondelez International은 약 93억 달러(한화 약 13조 원), 킷캣 브랜드를 보유한 네슬레Nestlé는 약 61억 스위스 프랑(한화 약 10조 원)의 초콜릿 매출을 기록했죠.

하지만 이러한 막대한 매출에도 생산자인 농부들에게 돌아가는 몫은 미미합니다. 우리가 2천 원짜리 초콜릿 한 개를 산다고 했을 때, 이 중에서 400원은 초콜릿 제조 회사가, 140원은 초콜릿 가공 회사가, 그리고 860원은 초콜릿 판매 회사가 가져갑니다. 240원은 운송비로, 100원은 세금 등으로 사용하고요. 농부들에게 주어지는 돈은 겨우 60원에 불과합니다. 서아프리카의 카카오 농장에서 매일 400개 이상의 카카오 열매를 만지는 아이들은 정작 카카오가 어디에 쓰이는지, 초콜릿이 어떤 맛

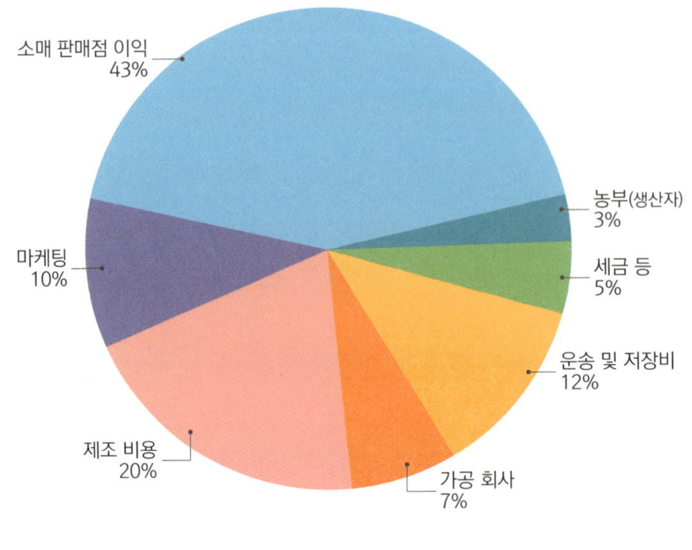

초콜릿 바에서 농부의 몫

출처: 옥스팜

인지도 알지 못합니다. 초콜릿을 먹는 우리 모두는 어찌 보면 카카오 농장에서 이뤄지는 아동 노동 착취로부터 이익을 보고 있는 것이 맞겠네요.

아동 노동의 가장 큰 문제는 신체적·정신적으로 아직 성장 단계에 있는 아동들이 고된 노동에 시달린다는 점입니다. 이는 신체 발달을 저해할 뿐만 아니라 트라우마, 우울증, 불안 장애와 같은 정서적 문제를 초래할 수 있습니다. 또한 장시간 노동으로 인해 학교 교육을 충분히 받지 못하게 되면서 성인이 되어서도 할 수 있는 일에 제약이 따르고, 빈곤이 대물림되는 악순환이 이어지게 됩니다.

　유엔은 1989년 아동이 위험한 노동으로부터 보호받아야 한다는 내용을 담은 〈아동 권리 협약〉을 제정했습니다. 또한 2015년 유엔 총회에서 채택된 지속가능발전목표SDGs에서는 모든 형태의 강제 노동 종식을 목표로 삼고, 2025년까지 아동 노동을 근절하겠다는 구체적인 계획을 제시했습니다. 하지만 2020년 기준 전 세계 5~17세 아동의 10%에 해당하는 약 1억 6천만 명이 여전히 노동에 종사하고 있으며, 그중 절반은 건강과 안전에 위험을 초래하는 가혹한 형태의 아동 노동을 하고 있습니다. 이 심각한 문제를 해결하기 위해서는 어떻게 해야 할까요?

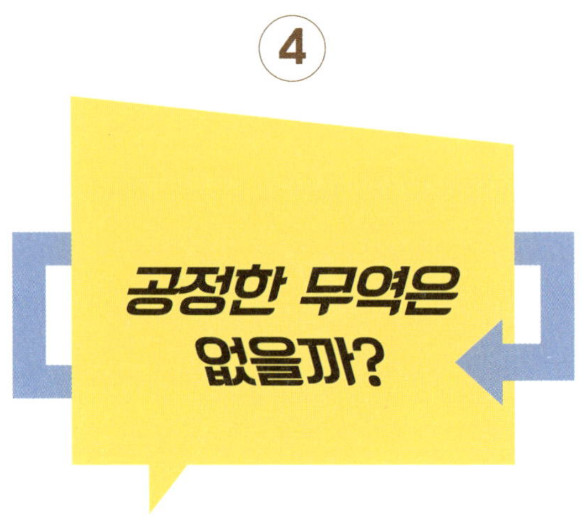

기업의 최대 관심사는 '어떻게 하면 소비자들의 마음을 사로잡아 더 많은 고객을 확보할 수 있을까'입니다. 소비자가 저렴한 상품을 원하면 기업은 생산비를 줄일 방법에 대해 고민할 것이고, 그 결과 생산지에서는 아이들이 노동에 동원되어 열악한 환경에서 일하게 됩니다. 반면, 소비자가 윤리적인 제품을 선택한다면 생산자들은 정당한 대가를 받고 안전하게 일할 수 있겠죠.

실제로 윤리적인 무역을 향한 소비자들의 목소리가 변화를 이끌어 낸 사례들이 있습니다. 2020년 미국은 세계적인 팜유 생산기업인 말레이시아 '사임다비Sime Darby'에서 강제 노동, 노동자 학대가 있었다는 정황이 드러나자 해당 제품의 수입을 전면 금지했습니다. 미국 세관국경보호청CBP은 현대판 노예 제도를 철폐해야 하며, 미국 소비자들은 윤리적으로 생산된 제품을 구매할 권리가 있다고 밝혔죠. 또한 한국에서도 '체인지 유어 초콜릿' 캠페인과 사회적 기업 '아름다운 커피'의 아동 노동 근절 요구가 초콜릿 기업에 영향을 미쳤습니다. 그 결과 페레로는 카카오 공급망 100% 추적, 코트디부아르 아동을 돕는 프로젝트 추진, 아동 노동 착취 금지 기준을 포함한 인증 준수, 2020년까지 100% 지속 가능한 카카오 사용 달성 등을 약속했습니다.

이렇게 기업에 직접적으로 요구하는 방법 외에도, 우리 개개인이 매일 무엇을 먹을지 선택하고 결정하는 것만으로도 세상을 더 정의롭게 바꿀 수 있습니다. 바로 공정무역 제품을 구매하는 방식으로 말입니다. 공정무역Fair Trade이란 생산자에게 정당한 가격을 지불하고 공정한 분배를 실현함으로써 궁극적으로는 개발도상국의 경제적 자립을 돕고자 하는 무역 방식입니다. 이를 통해 생산자는 안전한 노동 환경과 적정 임금을 보장받고 안정적인 일자리를 유지할 수 있는 한편, 소비자는 윤리적인 소비를 실천하며 좋은 품질의 상품을 구매할 수 있습니다. 공정무역은 생산자와 소비자 모두에게 이익이 되는 상호 존중의 거래 방식이라 할 수 있습니다.

공정무역에서 생산자에게 정당한 임금을 지불할 수 있는 이유는 생산자협동조합이 무역업자와의 거래 이전 단계의 유통과정을 담당하여 불필요한 부가가치를 줄였기 때문입니다. 이로 인해 소비자가 큰 추가 비용을 부담하지 않아도 생산자에게 더 많은 몫이 돌아갈 수 있게 되는

공정무역 마크
출처 : FLO/ WFTO

것이죠. 또한 공정무역으로 발생한 초과 이익은 특정 개인에게 돌아가는 것이 아니라 생산자 공동체에 다시 투자됩니다. 이 자금은 공정무역 상품의 품질 관리에 사용되거나 도로, 학교, 병원과 같은 사회 간접자본의 개선에 활용되며, 지속 가능한 발전을 촉진합니다. 그래서 공정무역은 사람과 사람을 잇는 무역, 인간의 얼굴을 한 무역 등으로도 불립니다.

왼쪽 그림과 같은 마크를 본 적 있나요? 먼저 위쪽에 있는 마크는 국제 공정무역 상표기구FLO의 인증 마크로, 국제 기준에 맞게 생산된 공정무역 제품에 부착됩니다. 상표의 파란색은 가능성, 연두색은 성장을 상징하며, 한쪽 팔을 치켜든 사람의 모습은 공정무역 생산자들의 희망과 전 세계 소비자들의 지지를 나타냅니다. 다음으로 아래쪽의 마크는 세계 공정무역 기구WFTO의 인증 마크입니다. WFTO는 공정무역의 10가지 원칙을 준수하는 기업을 검증하며, 인증된 회원사는 기업의 모든 제품에 이 마크를 사용할 수 있습니다. FLO에 따르면 현재 세계 140여 개국에서 약 37,000여 개의 공정무역 제품이 판매되고 있다고 합니다.

우리나라에서도 공정무역에 대한 관심이 점차 높아지고 있습니다. 2024년 기준으로 국내에는 17개의 공정무역 도시가 존재합니다. 공정무역 도시란 지역사회의 모든 분야에서 공정무역을 지지하고 실천하는 도시로, 인증을 받기 위해 다섯 가지 기준을 충족해야 합니다. 첫째, 지방자치단체가 공정무역을 지지하는 조례를 제정해야 하고, 둘째, 지역

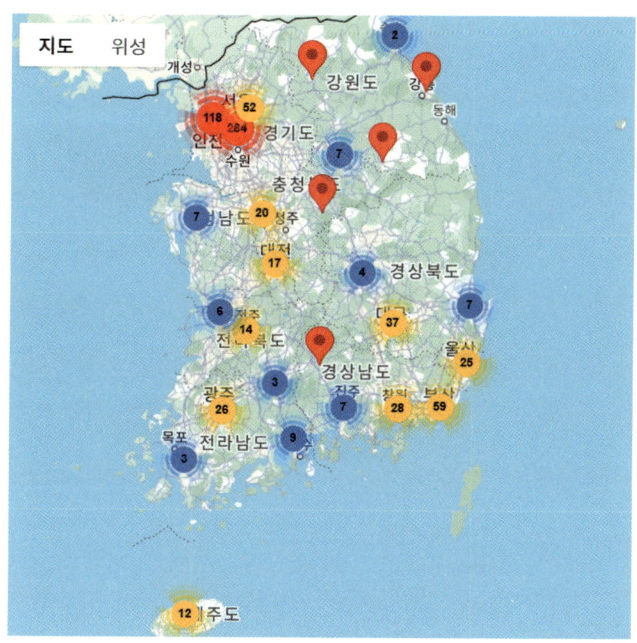

FLO 인증 제품 판매 지점 지도

출처: FLO 한국사무소

매장에서 공정무역 제품을 사용하거나 판매해야 하며, 셋째, 공정무역 인증을 받은 대학이나 기업 및 기관이 있어야 합니다. 그리고 넷째, 대중의 지지를 얻기 위한 홍보 및 캠페인 활동이 이루어져야 하고, 다섯째, 지역 위원회 및 협의체를 조직하여 공정무역 도시로서의 지위를 지속적으로 유지하고 강화하는 노력이 필요합니다.

이처럼 세계 시민들이 공정무역에 관심을 갖고 연대한 결과, 다음 장 지도에서도 볼 수 있듯이 2022년 생산자들에게 총 2억 2,280만 유로

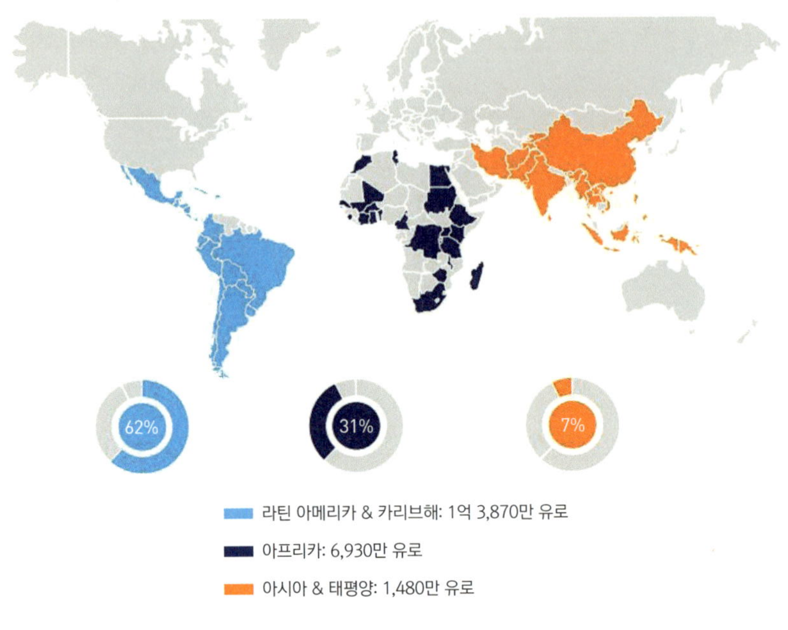

2022년 발생된 생산자 조직 유형 및 지역별 공정무역 프리미엄

출처: FLO

(한화 약 3,340억 원)의 프리미엄(추가 혜택)이 지급되었습니다. 이 수익은 농부들의 생계를 안정시켜주어 가족들이 굶주리지 않게 되었고, 학교에 필요한 책상과 의자 구입 등 교육 환경 개선에 사용되었습니다. 또한 삶의 질을 높여 농부들에게 희망을 줌으로써 더 이상 그들이 극단적인 선택을 하지 않도록 막아주었습니다.

이처럼 공정무역은 농업의 세계화로 인해 파생된 여러 문제를 해결해줄 수 있는 자유무역의 희망적인 대안인 것처럼 보입니다. 하지만 공정무역 시스템에는 여전히 극복해야 할 한게들이 존재합니다.

첫째, 시장 규모가 제한적이라는 점입니다. 공정무역 제품은 주로 유럽, 북미 등 선진국에서 소비되며, 그나마도 안정적인 판매망을 가진 대형 마트나 전문 매장에서만 구입할 수 있습니다. 소규모 지역 상점에서는 공정무역 제품의 도매가격이 일반 제품보다 높아 판매를 꺼리는 경우가 많기 때문이죠. 이로 인해 농촌 지역이나 개발도상국에서는 공정무역 제품을 접할 기회가 거의 없으며, 공정무역이 전 세계적으로 대중화되지 못하고 지역적으로 편중된 소비 패턴을 보이고 있습니다. 실제로 세계 커피 시장에서 공정무역 인증 커피가 차지하는 비율이 약 2%에 불과하다는 사실은 이러한 현실을 잘 보여줍니다.

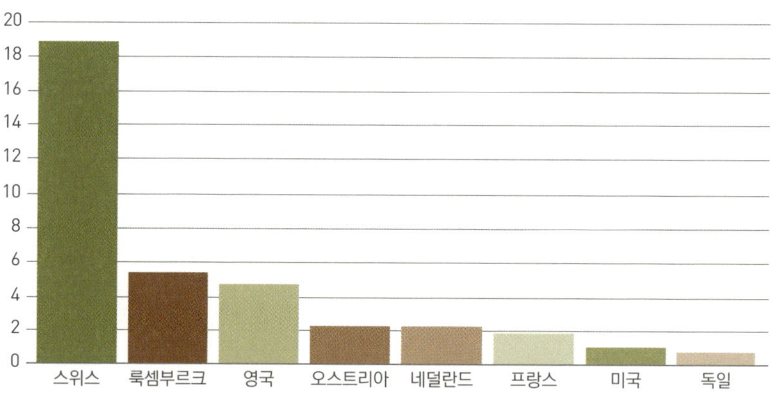

국가별 1인당 공정무역 제품 평균 소비액
공정무역 제품이 대부분 유럽 국가에서 소비된다는 것을 확인할 수 있다
스위스의 경우 공정무역 제품 소비액이 많은 편이지만 그 외 국가들에서는 아직 소비 규모가
부족한 실정이다

출처: FLO

둘째, 윤리적인 중산층 소비자의 선택에 의존한다는 점입니다. 공정무역 제품은 생산자에게 정당한 임금을 보장하기 위해 일반 제품보다 비싼 가격에 판매되는데, 이는 소비자 입장에서 경제적으로 부담이 됩니다. 그렇기에 주로 윤리적 소비에 관심이 많고 소득 수준이 높은 소비자들이 공정무역 제품을 구매하는 경향이 있습니다. 문제는 이들 소비층의 경제적 상황이나 심리적 변화에 따라 언제든지 쉽게 구매를 포기할 수 있다는 것입니다. 한 연구에 따르면 응답자의 62.8%가 공정무역 커피를 구매할 의향이 있다고 답한 반면, 실제로 구매 경험이 있는 사람은 22.2%에 불과했다고 합니다. 윤리적 소비의 중요성을 인지하고 있더라도 실제 구매까지 이어지는 것은 소비자 개개인의 의지에 달려있기 때문에 공정무역은 여전히 근본적이고 지속 가능한 문제 해결 방법으로 자리 잡기에는 어려운 측면이 있습니다.

셋째, 일부 대기업들이 공정무역을 단순 마케팅 수단으로 이용하고 있다는 점입니다. 네슬레, 스타벅스 등과 같은 유명 다국적 기업들이 공정무역에 관심을 갖고 참여한다면 더 많은 생산자가 혜택을 받는 긍정적 효과를 기대할 수 있겠죠. 문제는 이들 기업이 공정무역의 정신인 공정한 거래를 실천하고자 하기보다는 '착한 기업'이라는 이미지를 구축하려는 목적으로 공정무역을 활용하고 있다는 것입니다. 예를 들어 원재료의 일부만을 공정무역 인증을 받은 제품으로 사용하면서 제품 전체에 공정무역 라벨을 부여받는 '페어 워싱Fair Washing' 전략이 대표적입니다. 또한 더 낮은 비용으로 제품을 생산할 수 있는 거래처를 찾아 끊임없이 거래 대상을 변경하며 공정무역 시장을 과도하게 경쟁적으로 만드는 부

작용도 초래하고 있습니다.

이외에도 공정무역 과정 및 운영에 대한 정보가 부족하다는 점, 인증 비용이 많이 들고 인증 제도가 여러 문제가 있다는 점, 개발도상국에서 공정무역 제품만 생산하게 되면서 산업구조의 다양화를 저해한다는 점 등 공정무역에는 아직도 해결해야 할 과제들이 많습니다. 하지만 무엇보다도 중요한 것은 공정하고 지속 가능한 무역을 만들겠다는 공동의 목표를 가지고, 공정무역에 대해 무조건적으로 긍정적인 시각만을 갖기보다는 비판적으로 접근하며 문제점을 개선하기 위해 전 지구적 차원에서 협력해야 한다는 점 아닐까요?

영화 〈포레스트 검프〉에서 주인공의 어머니는 주인공에게 이런 말을 남깁니다. "인생이란 초콜릿 상자와 같은 거란다. 열기 전까지는 무엇을 집을지 알 수 없어. 우리의 인생도 어떤 선택을 하느냐에 따라 인생의 결과가 달라질 수 있는 거지." 우리도 어떤 음식을 먹을지 선택하느냐에 따라 우리의 인생, 지구촌 사람들의 인생이 달라질 수 있습니다.

잊지 말기 바랍니다. 농부와 아이들을 착취하지 않고, 환경 생태계를 해치지 않은 올바른 과정을 거친 음식이야말로 진정한 좋은 음식이며, 그런 음식을 먹는 것이 곧 나 자신을 소중히 여기는 행위라는 점을요.

4장
작물과 관련된
위기와 전쟁

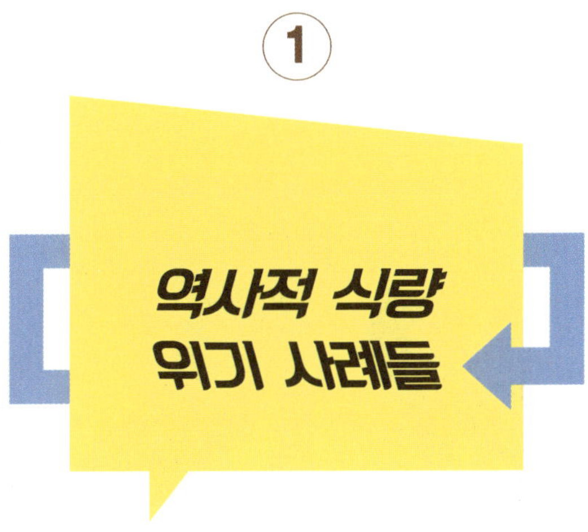

식량 위기는 그동안 다양한 지역에서 여러 가지 원인에 의해 지속적으로 발생해 왔습니다. 식량의 부족과 그로 인한 가격 상승, 그리고 불평등한 분배로 이어지는 식량 위기는 대기근으로 이어지며 사회적 불안을 넘어 국가의 위기를 초래해 왔습니다. 여기서는 몇 가지 대기근 사례를 통해 역사적 식량 위기를 살펴보겠습니다.

아일랜드 대기근

1845~1852

아일랜드 대기근을 묘사한 작품, 〈Gorta〉

아일랜드 대기근Great Irish Famine은 1845년부터 1852년까지 아일랜드에서 발생한 대규모 기근으로, 아일랜드 역사에 있어서 가장 치명적인 사건 중 하나입니다. 이 기근은 약 100만 명 이상의 사망자를 낳았고, 또 다른 100만 명 이상이 기근을 피해 아일랜드를 떠나면서 아일랜드는 인구의 약 25%가 줄어드는 결과를 맞이하였습니다. 또한 기근의 여파로 아일랜드는 정치, 사회, 경제, 그리고 영국과의 관계에 심각한 영향을 미쳤습니다.

기근의 원인: 감자 역병과 이상 기후

대기근의 주원인은 감자 흰가루병Phytophthora infestans이라는 곰팡이성 질병이었습니다. 아일랜드에서는 기후 특성과 영국 정부의 곡물 수탈로 인해 대부분 농민이 감자 한 종류만을 재배했는데, 이 질병이 감자에 전염되면서 감자 수확이 어려워졌던 것입니다. 당시 단일 작물 경제

당시 아일랜드 감자의 대다수를 차지했던 아이리시 럼Irish Lumper 품종

특성이 있었던 아일랜드 농업 구조에서 대다수 농민은 소규모 감자 농장을 운영했으며 감자에 대한 의존도가 매우 컸습니다. 생산이 쉽고 빠르게 자라는 특성이 있는 감자는 아일랜드에서 사랑받는 대중적인 식량이었으나, 그만큼 다양한 작물을 재배하지 않았기 때문에 감자의 불황이 바로 식량 위기로 이어질 수 있는 취약점이 있었습니다.

이상 기후 또한 대기근을 악화시킨 요소 중 하나였습니다. 기근의 시점인 1845년부터 1847년까지 아일랜드는 유난히 비가 잦았고 습도가 높았습니다. 이로 인해 감자가 더욱 부패하고 역병의 확산하기 좋은 환경이 되었습니다.

느리고 소극적이었던 영국 정부

당시 영국 정부의 대응은 어떠했을까요? 아일랜드는 영국의 식민지로 정치·경제적으로 영국에 통제되고 있었습니다. 영국 정부는 초기에는 아일랜드 대기근의 심각성을 인지하고 영국 본토에서 밀을 공급하는 한편, 곡물법(영국 내의 자영농들을 보호하고자 수입산 곡물에 관세를 매기는 법안)을 폐기하는 등 적극적인 구제 활동으로 대응하는 듯하였습니다. 하지만 정권이 교체되며 자유당이 집권하자 상황은 급변하였는데, 새 영국 정부는 시장 중심의 경제 이론을 고수하며, 직접적인 구호 식량 공급보다는 철도, 항만 등을 건설하여 식량 운송과 유통을 원활하게 하려는데 힘을 쏟았습니다. 인프라 구축을 통해 장기적으로 아일랜드 농민들이 시장에서 자발적으로 식량을 구매할 수 있을 것이라고 생각했으나 이러한 정부의 판단은 기근을 더 악화시기고 말았습니다.

결국 영국 정부는 1847년에 이르러서야 다시 구호를 시작했지만 구호 식량 배급은 제한적으로 되었고 자금 지원도 매우 미비했으며 구호 활동을 관리하는 과정에서 부패가 발생하거나 비효율적인 행정처리로 인해, 실제로 기근을 겪고 있는 사람들에게 필요한 구호 물품이 제대로 전달되지 않는 경우도 부지기수였습니다.

시장이 자율적 기능을 하면서 자연스럽게 해결될 것이라고 믿었던 영국 정부의 자유시장 원칙은 실질적인 식량 부족을 해결하는 데 실패하였고, 결국 많은 아일랜드 사람들이 굶주림에 시달리게 된 것입니다.

퀸스타운 항구에서 미국으로 떠나는 아일랜드 주민들

인구의 25%를 잃은 아일랜드

아일랜드 대기근은 약 100만 명 이상의 목숨을 앗아갔습니다. 대부분 굶주림과 질병으로 사망했으며, 많은 사람이 영양실조와 관련된 질병으로 고통받았습니다. 또한, 기근으로 인해 약 100만 명 이상이 아일랜드를 떠나 미국, 캐나다, 영국 등지로 이주했는데, 이는 당시 아일랜드 인구의 약 25%에 달하는 숫자였습니다. 이주한 사람들 대부분은 가난한 농민들이었고, 이들은 이주 과정에서도 기근과 관련된 전염병에 걸려 사망하기도 하였습니다.

커져가는 자치 요구 목소리와 민족주의 운동

대기근은 아일랜드 사회에 큰 영향을 미쳤습니다. 많은 사람이 영국 정부의 무능함을 비판하면서 아일랜드 국민의 민족주의와 반영 감정을 더욱 고조시켰고, 독립을 추구하는 계기가 마련되었습니다. 결국 아일랜드 독립운동이 곳곳에서 일어났으며 아일랜드 독립전쟁(1919~1921)으로 이어지게 되었습니다.

기근은 아일랜드 경제 또한 완전히 변화시켰습니다. 농업은 여전히 아일랜드 경제의 중심이었지만, 대다수 농민이 빈곤 상태에 빠지거나 떠나면서 아일랜드 경제는 심각한 침체를 겪었습니다. 기근 이전까지 아일랜드는 영국인들의 식탁에 올라갈 대부분의 식재료를 공급하는 역할을 했기 때문에 기근은 단순히 아일랜드 내의 경제적 어려움으로 끝나지 않았습니다. 아일랜드의 식량 부족은 아일랜드에 대한 식량 의존도가 컸던 영국에도 점점 영향을 미치게 되었습니다. 이에 영국에서도 아일랜드로부터 식량을 수급받는 비율을 낮추게된 계기가 되었습니다.

기근 후 아일랜드와 영국의 관계는 심각한 정치적 긴장을 겪었고, 영국의 식민지 통치에 대한 불만이 더욱 확산되었습니다. 자치 요구와 민족주의 운동의 목소리는 점점 더 커지게 되었습니다.

아일랜드 대기근은 단순한 자연재해만이 아니라 정치적·경제적·사회적 요인들이 복합적으로 작용한 비극적인 사건이었습니다. 영국 정부의 부실한 대응은 아일랜드 대기근의 피해를 극대화했고, 이로 인해 아일랜드의 사회와 정치를 급격하게 변화시켰습니다. 기근은 아일랜드 민족주의와 자치의 요구를 촉발했으며, 이후 아일랜드 독립을 위한 정치적 투쟁의 중요한 배경이 되었습니다.

중국 대기근

1959~1961

중국 대기근Great Chinese Famine은 1959년부터 1961년까지 발생한 대규모 기근으로, 중국 역사상 가장 치명적인 기근입니다. 이 기근으로 중국에서는 3년 사이에 약 3천만 명 이상이 사망한 것으로 추정되며 사회, 경제, 정치에 큰 영향을 미쳤습니다. 기근의 원인과 그 여파는 중국 공산당의 정치적·경제적 실책과 자연재해가 복합적으로 얽혀 발생하였습니다.

파멸적인 대약진운동, 그리고 기후 변화

중국 대기근의 주요 원인은 대약진운동(1958~1962)입니다. 대약진
운동은 중국의 주석 마오쩌둥이 추진한 대규모 사회경제적 개혁입니다.
이 운동의 목표는 중국을 급격히 산업화하고 농업 생산을 대폭 증대시
키기 위해 농업 집단화를 추진하는 것이었습니다. 중국 정부는 농업을
집단화하면서 농민들을 집단농장(농지의 소유권을 공동으로 가지고 협동하
여 조직적으로 경영하는 농장으로 주로 공산주의 국가에서 볼 수 있음)으로 이
주시켰고, 개인 소유 땅에서의 경작을 금지했습니다. 이 과정에서 농업
생산이 제대로 이루어지지 않으며 농업 생산성이 급격하게 하락하였습
니다. 농업 생산량이 급격히 줄어들자 식량 공급망도 붕괴되었는데, 정
부는 식량의 수송과 분배에 대해서도 효율적인 대처를 하지 못하였습니
다. 많은 지역에서 식량 부족이 심화되었고, 굶주림과 질병이 계속 퍼지

대약진운동 중 농촌을 방문한 마오쩌둥

출처: thecolumnist

게 되었습니다.

생산 목표를 너무 과도하게 설정한 것도 원인 중 하나입니다. 대약진 운동의 중점은 곡물 생산량을 극단적으로 증가시키는 것이었으나, 목표 설정이 지나치게 비현실적이었습니다. 지방 정부들은 중국의 주석 마오 쩌둥의 기대에 맞추기 위해 실제보다 생산량을 과장하여 보고하였고, 이로 인해 중앙 정부는 계속해서 잘못된 정책 결정을 했습니다.

이상기후와 자연재해 또한 기근을 더욱 악화시켰습니다. 기후 변화로 인해 중국은 홍수와 가뭄이 빈번히 발생했고, 농작물의 병충해가 기근을 더 심각하게 만들었던 것입니다.

대약진 운동의 패착

대약진운동 초기에는 과도한 식량 생산 계획과 부풀려진 생산량 보고로 인해 기근의 징후가 드러나지 않았습니다. 그러나 농민들이 집단농장에서 강제로 일하게 되면서 농업 노동력이 비효율적으로 분배되었고, 생산성이 저하되었던 것이 시간이 지나면서 실질적인 생산량의 급격한 감소로 나타나기 시작했습니다.

기근이 본격화되자, 지방 정부는 중앙 정부의 목표를 달성하기 위해 강제로 농민들의 곡물과 자원을 수탈하기 시작하였습니다. 농민들은 이미 부족한 식량을 정부에 바치도록 강요당했고, 급기야 농민들은 생존권을 위협받게 되었습니다. 과도한 세금과 식량의 강제 수탈이 기근을 더욱 악화시킨 것입니다. 기근은 농촌 지역을 중심으로 급속히 확산됐는

네, 특히 중국의 북부와 중부 지역에서 기근이 극심했으며 동부와 남부 지역은 비교적 덜 영향을 받았지만 역시 큰 피해를 입었습니다. 식량 부족은 굶주림과 질병으로 이어졌습니다.

기근의 피해는 단순한 식량 부족을 넘어서 사회적 붕괴와 혼란을 초래하였습니다. 도시와 농촌 간의 사회적 불평등이 더욱 심화했고, 농민들 사이에서는 자원 확보를 위한 폭력과 사회적 긴장이 커져 갔습니다. 또한, 중국 정부의 정치적 권위가 크게 훼손되면서 마오쩌둥의 지도력에 대한 의문이 제기되었습니다.

대기근 역사상 가장 많은 사망자의 발생과 그 후유증

중국 대기근의 사망자는 3천만 명 이상으로 추정됩니다. 이는 세계 역사상 가장 많은 사망자를 낸 치명적인 기근으로 굶주림과 더불어 질병이 더해져 많은 사람이 죽었습니다.

기근으로 인한 영양실조는 심각한 사회적·경제적 붕괴를 초래했고, 사람들은 굶주림을 피하기 위해 극단적인 방법을 선택하기도 했습니다.

기근이 지속되면서 농업 생산은 더욱 저조해졌습니다. 주요 작물인 쌀, 밀, 옥수수 등의 생산량이 계속해서 줄어들었고, 식량의 가격은 날이 갈수록

오래된 굶주림으로 농촌에서 도시로 흘러들어온 난민들

출처: 북플리오

올라갔습니다. 또한 농업 시설과 기술의 붕괴는 장기적으로 중국의 농업 회복을 지연시켰습니다.

기근은 중국 경제에 큰 충격을 주었는데, 특히 농촌 경제가 사실상 붕괴되었습니다. 농민들의 경제적 불안정과 사회적 불만은 이후 중국 사회주의 경제 모델의 문제점이 드러나게 되는 중요한 전환점을 마련하였습니다. 특히 정치적으로 마오쩌둥의 지도력에 대한 신뢰를 심각하게 흔들었으며 중국 공산당 내에서도 당의 정책과 리더십에 대한 비판이 커졌습니다. 기근과 대약진운동의 실패는 마오의 지배력을 약화하고, 후에 문화대혁명(1966년부터 1976년까지 중국에서 전근대적인 문화와 자본주의를 타파하고 사회주의를 실천하자며 일어난 대규모 문화 파괴 운동) 등의 정치적 변화를 초래하는 중요한 배경이 되었습니다.

개방 정책의 계기가 되다

결국 기근 이후 중국은 농업 정책을 급격히 수정하였습니다. 1978년 덩샤오핑의 농업 개혁이 시작되면서 가족 계약제가 도입되었습니다. 가족 계약제는 농민들이 일정 부분 개인적인 생산을 할 수 있도록 허용하는 제도입니다. 이 개혁은 농업 생산성을 회복시키는 중요한 계기가 되었고, 이후 중국 경제의 성장을 견인하게 되었습니다. 중국 대기근의 여파는 정치적으로도 큰 영향을 미쳤습니다. 마오쩌둥의 지도력에 대한 비판이 커졌고, 그 이후 중국 공산당 내에서 개혁과 변화가 요구되었습니다. 이는 덩샤오핑의 개혁 개방 정책을 낳는 기초가 되었습니다.

중국 대기근은 단순히 자연재해에 의한 것이 아니라 중국 공산당의 경제 정책과 행정적 실패가 결합된 결과였습니다. 이 기근은 마오쩌둥의 대약진운동이 어떻게 집단주의적 경제 계획에서 발생할 수 있는 심각한 문제를 보여줄 수 있는지 알려준 사건이었으며, 기근의 후유증은 중국의 농업 정책, 사회 경제 구조, 그리고 정치적 변화에 깊은 영향을 미치게 되었습니다.

<h1 align="center">러시아 대기근</h1>

1891~1892

러시아 대기근Russian Famine은 2년 동안 러시아 제국에서 발생한 대규모 기근으로 농업 실패, 기후 변화, 그리고 정치적·경제적 문제가 복합적으로 작용하여 발생했습니다. 약 350만 명 이상을 굶주림과 질병으로 사망에 이르게 한 이 기근은 당시 러시아 사회와 경제에 엄청난 영향을 미쳤고, 후속적인 정치적 변화와 사회적 긴장의 원인 중 하나로 작용하였습니다. 왜 그랬을까요?

기근의 배경: 역시 이상 기후

19세기 말까지도 러시아 제국은 농업이 경제의 주요 기둥을 차지하고 있는 농업 국가였습니다. 대부분 농민은 농토를 갖지 못한 소작농이

볼가강 유역(분홍색)과 우랄산맥(노란색)

었으며, 생산된 농작물은 농민들의 생계유지와 국가의 세수로 사용되었습니다. 하지만 평소에도 추운 기후로 농업 생산성이 그리 높지는 않았습니다.

1891년, 러시아는 심각한 가뭄과 폭우에 의한 홍수 및 병충해가 번

갈아 나타나며 큰 피해를 입었는데, 러시아 중부의 볼가강 유역에서 우랄산맥 사이 지역을 중심으로 곡물 수확이 크게 감소했습니다. 이로 인해 밀, 호밀, 보리와 같은 주요 곡물들의 생산량이 급격하게 감소하게 되었습니다. 즉, 기후 변화로 인한 흉작이 곧 식량 부족으로 이어졌고, 이것이 러시아 전역에 빠르게 확산된 것입니다.

소극적이었던 러시아 황제

러시아 정부는 처음에 기근 사태를 심각하게 인식하지 않았습니다. 당시 알렉산드르 3세 황제는 경제적 안정을 중시했던 지도자였는데 변화를 두려워하며 농업 문제를 해결하기 위한 정책을 적극적으로 내놓지 않았습니다. 일부 고위 관료들이 기근을 매우 심각하게 받아들이고 국가에 악영향을 끼칠 것을 우려하였음에도 결국 초기에 정부가 취한 대응은 매우 소극적이었습니다. 그럼 정부의 대응은 과연 어땠을까요?

정부는 식량 공급보다 세금 징수가 누락되지 않는 데 더 관심이 많았고, 여전히 농민들이 남은 식량을 고스란히 정부에 내도록 요구하였습니다. 또한 자국의 식량이 부족해졌음에도 불구하고 식량 수출을 중단하지 않았으며 곡물의 세금을 징수하는 등의 정책도 지속하였습니다. 이로 인해 기근이 점점 악화됐고 거리에 굶어 죽는 사람들이 늘어나자, 그제서야 정부는 위기감을 느끼기 시작했습니다. 결국 러시아 정부는 1892년이 되어서야 공식적인 구호 활동을 시작했지만 구호를 위한 예산이 부족하게 책정되어 구호 물품 공급과 식량 배급 또한 매우 부실하게 이루어졌고, 그마저도 세내로 전달되시 못했습니다.

질병과 농민들의 반란

기근이 심화하면서 콜레라, 장티푸스 등 전염병이 확산되었습니다. 전염병은 굶주림과 더불어 더 많은 사망자를 발생시켰습니다. 보건 의료 시설이 부족한 상황에서 많은 사람이 위생 환경이 열악한 곳에서 살았기 때문에 질병으로 인한 사망률은 기근으로 인한 사망률보다 더 높았을 수도 있습니다.

기근에 대한 정부의 대응은 러시아 황제에 대한 국민의 불만을 더욱 키웠습니다. 알렉산드르 3세와 그의 후계자 니콜라이 2세는 기근 문제를 해결하기 위해 효과적인 대책을 마련하지 않았고, 민심을 더욱 악화시킨 것입니다. 일부 지역에서는 농민들이 폭동을 일으켰고, 식량 강탈이나 폭력적인 저항도 일어나기 시작했습니다. 이는 러시아 시민들의 사회적 불안을 증대시키고 후에 러시아 혁명과 같은 대규모 정치적 변화를 예고하는 신호탄이 되었습니다.

경제적 폐해가 이끌어 낸 급진적인 사회적 변화

기근은 러시아 경제에 심각한 영향을 미쳤습니다. 농업 생산이 크게 감소하면서, 농산물 가격이 급등하고 식량을 더 구하기 힘들어지는 악순환이 반복되면서 경제는 점점 더 안 좋아지게 되었습니다. 농민들의 빈곤과 토지의 황폐화는 장기적으로 러시아가 경제 회복을 하는 데 큰 장애물이 되었습니다.

이러한 불경기로 농민 운동과 사회적 저항은 더욱 강해졌습니다. 농민들의 고통은 러시아 사회주의 운동과도 연결되었고, 마르크스주의자들은 농민들 사이에서 반정부적 성향을 확대하는 계기가 되었습니다. 이후 1905년 혁명을 비롯한 사회적 불안과 정치적 변화는 기근의 여파로 거세지게 된 것입니다.

러시아 대기근에서 얻은 교훈

1891~1892년 러시아 대기근은 단순히 기후 변화와 농업 실패만이 아닌, 정치적 부패, 행정적 무능, 그리고 사회적 불평등이 얽혀 발생한 대재앙이었습니다. 기근의 여파는 당시 러시아 제국의 사회적 갈등을 심화시켰고, 결국 러시아 혁명의 토양이 되는 중요한 역사적 사건으로 평가됩니다. 대기근에서 정부의 대응 능력이 얼마나 중요한지, 그리고 농업이 국가의 안정에 있어 얼마나 크게 영향을 미치는지에 대한 중요한 교훈을 남겼습니다. 어쩌면 러시아는 이때부터 식량 안보에 대해 관심을 가졌는지 모릅니다.

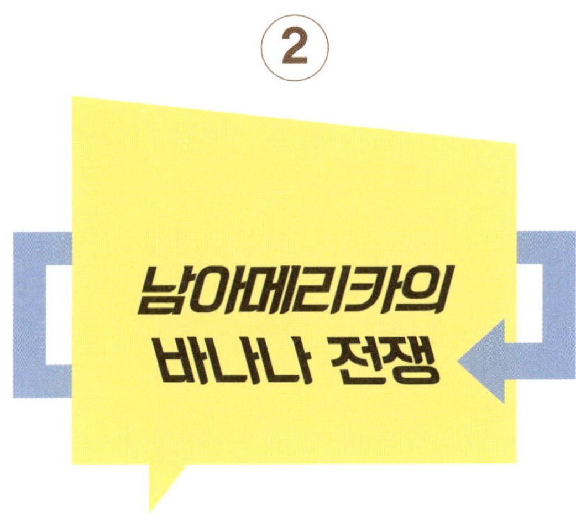

'바나나 전쟁Banana Wars'은 본래 제1차 세계대전 이후의 미국의 중앙아메리카 군사 개입을 칭하는 용어였습니다. 당시 미국은 중앙아메리카에서 자국의 다국적 농산물 기업들의 이익을 유지하기 위해, 그 기업들과 손잡은 현지의 부패한 정부에 대항하는 시민 혁명운동을 군대를 동원하여 진압하였습니다. 이때 중앙아메리카 지역의 대표적 수출 농산물이 바나나였고, '바나나 공화국'이란 말은 여기서 유래되었습니다.

오늘날 바나나 전쟁은 주로 1990년대와 2000년대 초반, 유럽연합EU과 미국 간의 무역 분쟁을 가리킵니다. 이 분쟁과 식량 위기의 관계는 국제 무역, 농업 정책, 그리고 기후 변화가 얽힌 복잡한 문제와 얽혀 있습니다. 바나나 수출국들의 농업 정책과 무역 규제, 그리고 글로벌 식량 시스템에 중대한 영향을 미쳤는데 식량 위기와의 관계에 대해 여러 가지 관점을 가지고 톺아보도록 하겠습니다.

미국와 유럽연합 간에 벌어졌던 무역 분쟁인 '바나나 전쟁'을 상징하는 그림

출처: tongsangnews

두 고래의 무역 갈등에 새우등 터진 '바나나 공화국'

바나나는 세계에서 가장 많이 소비되는 과일 중 하나이며, 주요 생산 및 수출국들은 중앙아메리카와 남아메리카에 위치한 국가들입니다. 1990년대 초, EU는 콜롬비아, 코스타리카 등 미국의 다국적 기업에 의해 지배되는 바나나 산업을 가지고 있는 중남미 국가들보다 도미니카 공화국, 자메이카 등 카리브해 지역의 국가들로부터 바나나를 우선적으로 수입할 수 있도록 하는 제도를 도입했습니다. 카리브해 국가들과 무역 협정을 체결하면서, 이들 국가로부터 바나나를 수입할 때 세금 혜택을 주는 정책을 시행한 것입니다.

'원산지 규정origin rule'이라 불리는 이 정책은 주로 카리브해의 국가들에게 큰 혜택으로 작용했습니다. 이 국가들은 EU에 수출하는 바나나의 70% 이상을 차지하고 있었고, EU는 이 국가들에게 세금 및 쿼터 면제를 통해 바나나 수출을 촉진하고자 한 것입니다. 이로 인해 중앙아메리카 및 남아메리카에 농장을 가진 미국의 다국적 기업들은 유럽 시장에서의 경쟁 우위를 위협받게 되있습니다. 과연 어떻세 되었을까요?

당연히 미국과 중·남미 국가들은 이에 대해 강력히 반발했습니다. 특히 미국 정부는 이와 관련하여 중남미 국가들의 주요 수출 시장인 유럽에서의 불공정 경쟁이 자신들의 경제적 이익을 해친다고 주장했습니다. 결국 미국은 유럽의 이러한 무역 정책이 자국 기업들과 관련된 주요 바나나 생산국인 중남미 국가들에 불리하다고 주장하며, 세계무역기구 WTO에 제소했습니다. 이로 인해 '바나나 전쟁'이라는 이름의 무역 분쟁이 시작되었습니다.

이 분쟁은 점점 가열되면서 당초 바나나로 촉발된 무역 전쟁은 새로운 국면으로 치닫게 되었습니다. 미국은 WTO에 소송을 제기하여 승소 판결을 받아냈지만, EU가 WTO의 결정에 미온적으로 대응하자 급기야 유럽에서 수입되는 핸드백, 지갑 등 사치품에 고율의 보복관세를 부과하면서 선전포고를 했습니다. 이에 EU는 미국 노후 항공기의 유럽 내 영공 통과를 불허하는 맞불을 놓았고, 또다시 미국은 유럽 항공기의 취항을 금지하자, 재차 반격에 나선 EU는 미국산 소고기 수입을 전면 봉쇄하는 등의 조치로 대응하였습니다.

결국 미국과 EU의 바나나 전쟁은 16년이 지난 2009년에 이르러서야 전격 해결되었습니다. EU가 미국과 중남미의 바나나 수출에 대한 차별을 없애고 관세를 조정하는 대신 미국 또한 보복관세를 철회하기로 약속함으로써 16년 동안을 끌어온 미국과 EU의 '바나나 전쟁'은 비로소 막을 내렸습니다.

'국가 위의 기업' 미국의 다국적 기업

'바나나 전쟁'에서 또 다른 주목해 볼 측면은 농업의 집중화가 산업 경쟁력에 있어 취약하게 작용할 수 있다는 점입니다. 중앙·남아메리카의 많은 나라는 바나나 수출에 지나치게 의존했는데 이러한 높은 바나나 집중도는 미국의 대규모 농산물 기업이 유통과정에서 시장을 장악하기 쉽게 만들었습니다. 플랜테이션의 형태로 농업을 운영한 대규모 농산물 기업들은 현지인들의 노동 착취는 물론 환경을 생각하지 않고 생산에만 치중하여 환경 파괴 문제를 동반하는 방식으로 농업을 운영했으며, 이는 지속 가능한 농업을 추구하는 지역 사회에 부정적인 영향을 미쳤습니다.

미국 다국적 기업 D사의 바나나 플랜테이션 농장

출처: Dole

또한, '바나나 전쟁'을 계기로 바나나의 가격과 무역 규제에 대한 논의가 시작되었고, 이것이 전 세계 식량 생산 및 분배에 미친 영향은 식량의 불균형적 분배와도 관련이 있습니다. 무역 분쟁이 길어지면서 식량 가격의 변동성이 커졌고, 특히 저소득 국가들에서는 식량 안보 문제로 이어졌습니다.

기후 변화와 바나나 생산

바나나는 기후 변화와 밀접한 관련이 있는 작물입니다. 바나나는 열대 지역에서 자라는 과일로, 높은 온도와 많은 강수량을 필요로 하는 식물입니다. 바나나 전쟁이 지속되면서 생산지들이 경제적 압박을 받게 되었고, 이로 인해 농업에 대한 자체 투자 여력이 부족해지면서 기후 변화의 영향을 더 심각하게 받게 되었습니다. 예를 들어, 폭풍이나 병충해가 생기면 바나나 생산에 장애가 되는데 이에 대한 대응이 점점 더 어려워지게 된 것이었습니다. 바나나의 생산과 수출량이 줄어들고, 다른 농작물에 투자할 여력도 줄어들며 이는 결국 식량 위기와 연결됩니다. 즉, 기후 변화로 인한 자연재해와 농업 생태계 변화는 바나나 생산뿐만 아니라 다른 농산물의 생산에도 영향을 미쳤고, 그 결과 이 지역의 식량 생산에 불안정성을 가중시켰습니다.

구매자를 기다리는 중남미의 바나나들

출처: FAO

식량 위기와 글로벌 공급망

바나나는 전 세계적으로 인기가 많은 식량일 뿐 아니라 몇몇 국가에서는 중요한 식량 자원으로 소비되고 있는데, 바나나의 생산과 공급망에 문제가 생기면 바나나 의존도가 높은 지역에서는 식량 위기로 이어질 수 있습니다. 바나나 전쟁과 관련된 무역 분쟁, 가격 변동, 그리고 환경 문제는 결국 식량 불안정성을 악화시키고, 특정 국가들이 식량 공급 부족을 겪게 만들었습니다. 특히 개발도상국에서는 기본 식량의 접근성이 떨어지게 되어, 경제적으로 더 큰 어려움을 겪을 수 있습니다.

'바나나 전쟁'은 단순한 무역 분쟁을 넘어, 농업 경제, 무역 정책, 그리고 기후 변화가 복합적으로 얽히면서 글로벌 식량 시스템에 미친 영향을 보여주는 사례입니다. 바나나와 같은 주요 식량 자원에 대한 무역

갈등은 식량 안보와 국제 경제에 심각한 영향을 미칠 수 있으며, 이는 더 넓은 식량 위기로 이어질 가능성을 내포하고 있습니다.

③

깨어진 빵바구니, 우크라이나 전쟁의 여파

2022년 2월 24일 러시아는 우크라이나의 비무장화와 우크라이나 내 친러시아 성향 지역의 주민들을 보호한다는 명분으로 우크라이나를 침공하였습니다. 이미 2014년 크림반도 합병, 돈바스 전쟁 등을 일으킨 러시아-혹은 그들의 지도자 푸틴-는 왜 이토록 우크라이나 지역 정복에 열을 올리는 것일까요?

이는 우크라이나 영토 확보를 통해 유럽과 러시아의 길목 및 해양 진출의 교두보를 얻음과 동시에 유라시아 대륙에서 러시아의 영향력을 확대하려는 것이 주된 이유일 것입니다. 우크라이나가 러시아에게 지정학적으로 중요한 위치거든요. 그리고 또 하나 중요한 사실은 우크라이나의 영토가 넓고 비옥한 곡창지대라는 점입니다. 그럼 러시아의 우크라이나 침공이 어떻게 전 세계적인 식량 위기를 촉발하였는지 살펴볼까요?

우크라이나뿐 아니라 러시아 또한 세계에서 중요한 식량 기지 역할을 하고 있는데, 두 나라 모두 식량 작물의 수출 역시 큰 부분을 차지하고 있습니다. 즉, 러시아의 우크라이나 침공은 두 국가의 농업 생산에 지장을 줌으로써 전 세계에 새로운 식량 위기를 불러왔다고 할 수 있습니다.

생각보다 컸던
러시아와 우크라이나의 빈자리

자세한 경과를 보면 먼저 세계적으로 밀과 옥수수 등의 식량 작물 공급에 큰 차질이 빚어졌습니다. 러시아는 2021년 기준 전 세계 밀 생산량 3위(1위와 2위는 각각 중국과 인도)이고 수출량은 1위인 국가이며, 우크라이나는 전 세계 밀 생산량 6위, 수출량 5위에 해당하는 등 두 나라는 전 세

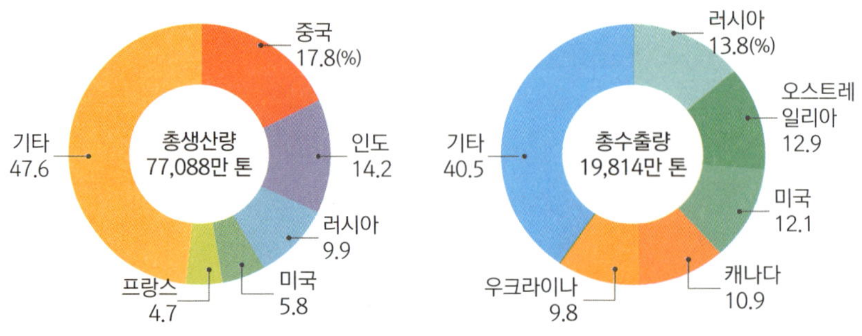

세계시장에서 국가별 밀 생산량·수출량 비율(2021년)

출처: FAO

계 밀 수출량의 약 25%를 차지하고 있습니다.

전쟁으로 인해 우크라이나의 밀과 옥수수 생산 지역이 전투 지역으로 변하게 되면서 수출은 거의 중단되었습니다. 특히 우크라이나의 주요 곡물 생산지인 남부 지역과 동부 지역이 전투의 중심지가 되면서, 농민들은 땅을 경작할 수 없게 되었습니다. 우크라이나는 '유럽의 곡물창고'로 불리며 동유럽, 서남아시아, 아프리카 국가들의 중요한 밀 공급처였는데 공급량이 줄어 들 수밖에 없게 된 것입니다.

옥수수나 해바라기유도 마찬가지입니다. 우크라이나는 세계 5위의 옥수수 생산국이자 4위 수출국입니다. 사실 옥수수는 인간의 식량뿐만 아니라 가축 사료, 바이오에너지 원료 등 다양한 분야에서 사용이 되지만 여전히 중요한 식량 자원 중 하나입니다. 해바라기유는 세계에서 우크라이나의 생산량이 가장 많은데, 많은 나라에서 식용유로 일상적으로 사용됩니다. 러시아의 우크라이나 침공 전까지 이들 농산물은 국제 시장에 안정적으로 공급되었으나, 전쟁의 발발로 인해 공급망에 심각한 영향을 미치게 되었습니다.

생산된 작물을 수출하는 해상 수송에도 큰 차질이 생겼습니다. 우크라이나는 주요 곡물을 흑해 지역 항구를 통해 수출하는데, 전쟁 중에는 러시아의 미사일 공습과 봉쇄로 인해 우크라이나의 항구들을 사용할 수 없게 되었습니다. 이로 인해 우크라이나에서 생산되는 식량을 국제 시장에 보내는 것이 불가능해졌습니다.

서방 국가들도 러시아에 대해 제재를 가하면서, 러시아의 식량 생산과 수출도 차질을 빚었습니다. 러시아는 세계 최대의 비료 생산국 중 하나였기에, 비료 수출이 차단되거나 가격이 급등하면서 전 세계 농업 생산성에 악영향을 끼치고 있습니다. 비료 부족으로 인해 농업 생산량이 감소하고, 식량 가격을 상승하게 한 것입니다.

결국 러시아-우크라이나 전쟁으로 인해 러시아, 우크라이나에서 생산되는 밀, 옥수수, 해바라기유 등 뿐 아니라 전반적인 주요 농산물의 가격이 급등했습니다. 이러한 가격 상승은 당장 선진국보다 개발도상국에 큰 영향을 미쳤는데, 비싸진 식량 가격으로 많은 사람이 기본적인 식량을 구하는 데 어려움을 겪게 되었습니다. 특히 아프리카와 서남아시아 지역은 농업이 불리하여 수입 식량 의존도가 높기 때문에 이 전쟁으로 직격탄을 맞은 셈이 되었습니다.

나아가 식량 가격 상승은 저개발 국가에서 기아와 빈곤을 악화시키는 주요 원인이 되었습니다. 러시아와 우크라이나의 식량 의존도가 큰

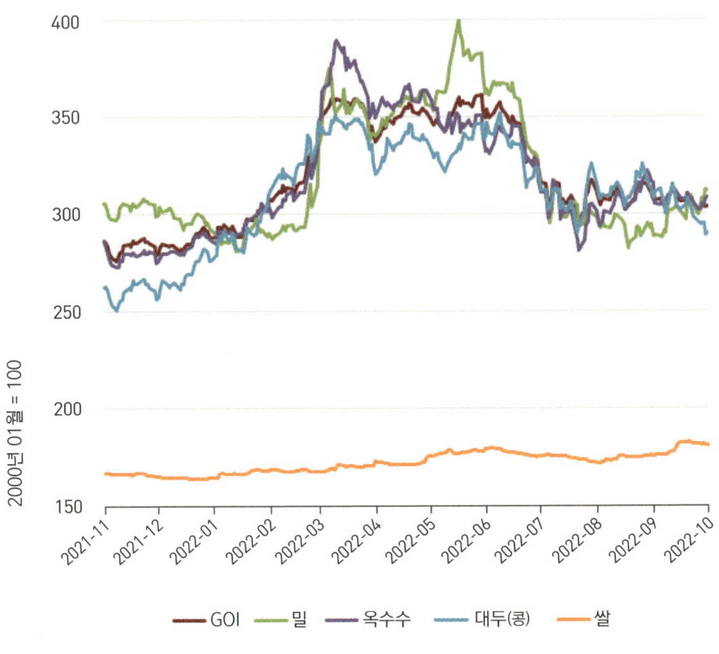

세계 곡물 의회 곡물 가격 지수
GOI: 국제곡물이사회IGC에서 발표하는 곡물 및 유지종자 가격 지수

출처: IGC

아프리카에서는 식량을 구할 수 없는 상황에 처한 사람들이 많아지며 생존을 위해 고군분투하는 상황에 이르렀습니다.

세계 각국은 이 위기를 해결하기 위해 다양한 방법을 모색하고 있습니다. 유엔은 식량 문제 해결을 위해 국제적인 협력을 각국에 촉구하고 있으며, 긴급 원조를 통해 식량난을 겪고 있는 국가들에 전달하려 노력하고 있습니다. 또한, 새로운 대체 공급망을 찾고 자국 내 생산 증가를 위한 정책들이 추진되고 있으나 다른 나라들이 러시아와 우크라이나가 차지하던 주요 식량 생산을 완전히 대체하기는 어려웠습니다. 특히 밀과 같은 곡물은 기후 변화와 각국의 농업 정책에 의해 생산량을 크게 확장하기 힘든 것이 현실입니다. 그리고 이러한 노력들이 실제로 실현되기까지는 많은 시간과 자원이 필요하기도 합니다.

전쟁 속에 가려진 식량 위기의 또 다른 원인:
기후 변화와 팬데믹

사실 전쟁 이전부터 이미 다른 요인도 식량 위기를 심화시키는 요소로 작용하고 있었습니다. 전 세계적으로 잦은 가뭄, 홍수 등 극단적인 기후 변화가 농업 생산에 부정적인 영향을 미쳤고, 이는 공급망 불안정성을 더욱 증대시켰으며, 2020년 코로나 19의 확산으로 농사를 위한 인력을 해외에 의존하던 대형 농장의 인력 이동이 어려워지면서 사람의 손길이 필요한 농업의 생산까지 어려워지고, 농산물의 물류 경로도 덩달아 같이 봉쇄되다 보니 농업 생산에 중요한 비료 등의 조달까지 연이어 악화된 것입니다. 즉, 기후 변화로 수년 전부터 식량 위기의 조짐이 있었고 여러 문제가 계속 쌓이던 상태에서, 코로나 19로 인해 직접적인 농업 생산량이 줄어드는 상황에서 전쟁이 식량 위기에 결정타가 된 것입니다.

　러시아-우크라이나 전쟁은 단순히 두 국가 간의 갈등을 넘어서, 전 세계적으로 식량 안보와 경제적 불안정을 초래하는 중요한 사건입니다.

식량 가격 상승, 공급망 차질, 비료 부족 등은 전 세계적으로 수많은 사람에게 영향을 미쳤고, 특히 취약한 국가들에서 식량 불안정과 기아 문제를 악화시켰습니다. 국제사회는 이를 해결하기 위한 다양한 노력과 협력이 필요하며, 전쟁의 종식과 함께 글로벌 식량 공급망의 회복이 중요한 과제로 떠오르고 있습니다.

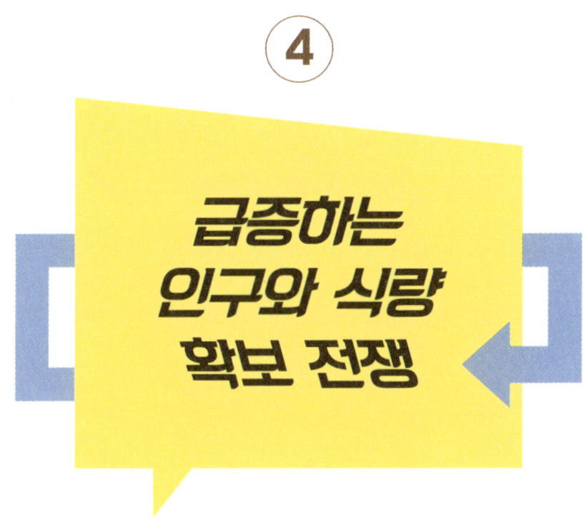

식량이 부족하지 않은 현재까지도 식량 확보 전쟁은 여전히 세계 곳곳에서 진행 중입니다. 급격한 인구 증가로 인한 식량 부족으로 유발된 이 총성 없는 전쟁은 21세기 들어서도 여전히 세계적인 문제로 부각되고 있으며, 오히려 기후 변화, 자원 고갈, 정치적 갈등, 그리고 경제적 불평등과 맞물려 갈수록 심각해지고 있습니다. 식량 확보 경쟁은 갈수록 치열해지고 있는 상황입니다. 이를 이해하기 위해서는 구체적으로 어떠한 요소들을 살펴봐야 할까요?

세계 인구 증가와 식량 수요

현재 세계 인구는 80억 명을 넘어섰으며, 유엔UN은 2060년 경, 세계 인구가 약 100억 명에 이를 것이라고 예측하고 있습니다. 인구가 급증하면 필연적으로 식량 수요도 함께 증가합니다. 유엔 식량농업기구FAO는 2050년까지 식량 생산이 현재보다 60% 이상 증가해야 한다고 경고하고 있습니다.

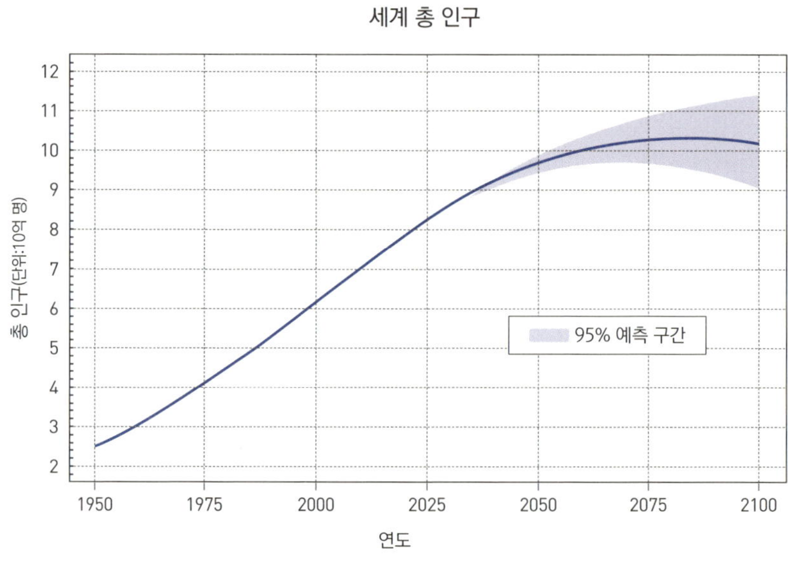

2024년에 발표한 유엔의 세계인구전망 보고서

출처: population.un.org

　그러나 인구 증기에 비해 식량 생산에는 여러 가지 제약이 있습니다. 농사를 지을 수 있는 땅은 한정된 상태에서, 기후 변화, 토양 침식, 자원 고갈 등의 문제로 농업 생산량은 오히려 점차 감소하는 추세입니다. 또한, 산업화와 도시화로 인해 농업에 종사하는 인구가 세계적으로 줄어들고 있으며, 농업 생산 비중이 낮은 선진국에서는 기술 혁신으로 인한 자동화 시스템이 구축되어있는 반면에 정작 농업 생산 비중이 높은 개발도상국들 중에는 아직 농업 혁신이 이루어지지 않은 경우가 많기 때문입니다.

21세기에도 세계는 식량 확보 전쟁 중

식량 확보를 둘러싼 갈등은 여러 원인으로 인해 더욱 치열해지고 있습니다. 이 원인들은 한 가지 원인이 다른 원인을 유발하는 등 복합적으로 얽혀 나타나고 있습니다. 어떠한 원인들이 어떻게 얽혀 있을까요?

기후 변화와 자연재해

　기후는 식량 생산에 직접적인 영향을 미칩니다. 기후 변화로 인해 가뭄, 홍수, 폭염 등의 극단적인 날씨가 자주 나타나면서, 농작물 생산량이 크게 감소하는 현상이 나타나고 있습니다. 이로 인해 아시아, 아프리카, 라틴 아메리카의 저개발국에서 식량 부족 현상이 심화되고 있습니다.

식량 배급을 위해 기다리고 있는 아프리카 아이들

출처: 2024 미 농무부 국제생산평가과

2011년 소말리아를 포함한 아프리카 지역에서는 가뭄과 내전으로 인해 농사가 어려워 대규모 기근이 발생했고, 이로 인해 수백만 명이 식량을 구하기 위해 전 세계의 난민이 되었습니다. 이상 기후는 농업에 있어 불확실성을 높이며, 식량 공급에 변수가 생기는 상황을 늘리고 있습니다. 많은 국가가 이러한 상황에 불안을 느끼고 있습니다.

투기의 온상이 된 농업

농업에 필요한 토지, 물, 비료와 같은 자원은 한정되어 있습니다. 그렇기에 이러한 자원은 국제적으로 경쟁을 유발히기도 합니다. 현제 선진국뿐 아니라 아프리카와 라틴 아메리카에서도 식량 안보 차원에서 대규모 농업 투기가 일어나고 있는데 일부 국가들은 자원 확보를 위해 외국의 농업 투자나 토지 매입을 활발히 진행하고 있습니다.

식량 자원은 이제 국제적으로 중요한 전략 자원으로 간주되고 있습니다. 이를 둘러싼 경쟁은 단순히 경제적인 문제를 넘어, 외교적으로, 군사적으로 갈등을 유발할 수 있는 중요한 문제입니다.

식량 가격 급등과 경제적 불평등

식량 가격의 급등은 빈곤층에 큰 위협이 됩니다. 특히, 경제적 기반이 약한 개발도상국에서 식량 가격이 급등할 경우, 이는 곧 기아와 기근으로 직결됩니다. 2008년 글로벌 경제위기로 농업 또한 위기를 겪으며 곡물 가격이 급등하면서 많은 나라에서 식량 부족과 사회적 불안이 일어났습니다. 특히, 에탄올 생산을 위한 옥수수 수요 증가와 같은 요소들이 전 세계적으로 곡물 가격을 급등시킨 주요 원인으로 작용했습니다. 식량 가격 상승은 또한 기후 변화, 국제 무역의 변화, 정치적 갈등 등 다양한 요인과 맞물려 발생하고 있는데 문제는 선진국보다 식량 접근성이 떨어지는 개발도상국에서 더 큰 피해를 입는다는 것입니다.

식량 확보 전쟁의 지리적 갈등

식량과 자원을 둘러싼 갈등은 특정 지역에서 심화되고 있습니다. 몇 가지 주요 갈등을 살펴볼까요?

아프리카에 중국 품종 벼가 재배되는 이유

현재 중국은 아프리카에 대규모 농업 투자를 하고 있습니다. 정부 차원에서 농업 토지를 대규모로 매입하거나 임대하여 농산물 생산을 확장하고 있는데, 문제는 이렇게 생산된 많은 농산물이 아프리카 현지 주민들에 돌아가지 않는다는 점입니다. 물론 아프리카 국가에 돌아가는 혜택도 다소 있겠지만 중국은 아프리카에서 생산된 대부분 농산물을 자국으로 수출하고 있습니다.

중국의 아프리카 농업 투자를 보여주는 그림

출처: fortunekorea

이러면서 아프리카는 식량 자원 수출에 있어 중국에 대한 의존도가 높아지고 아프리카에서 중국의 영향력은 갈수록 커져 국제사회에서 우려의 목소리가 커지고 있는 상황입니다.

브라질은 왜 스스로 아마존을 파괴할까?

브라질은 세계적인 농업 생산국 중 하나입니다. 특히 대두(콩)와 옥수수의 주요 생산지이자 소 사육 두수는 세계에서 가장 많은 나라입니다. 그와 동시에 이 국가에는 지구의 허파라 불리는 세계에서 가장 큰 열대우림인 아마존이 있습니다. 농업을 위해 브라질에서는 결국 무분별한 벌목과 농경지 및 목장의 확대 등의 개발로 아마존 열대우림의 파괴가

개간된 아마존 열대우림

출처: m.yonhapnewstv

이어지고 있으며, 이로 인해 주변 국가, 국제기구, 환경단체 등 다양한 주체들과 갈등을 겪고 있습니다. 브라질은 세계 식량 경제 사슬에서 자국에서 생산되는 식량 자원에 대한 수요가 늘고 있는데 이에 대한 비판을 고스란히 떠안는 건 다소 억울하다는 입장입니다. 식량 자원 공급과 아마존 파괴의 딜레마를 둘러싼 갈등은 현재 진행 중입니다.

서남아시아 지역의 물 갈등

국제하천(여러 나라의 영토를 거쳐 흐르는 하천)은 역사적으로 인접 국가 간의 갈등을 유발하는 요소였습니다. 서남아시아 지역을 살펴볼까요? 이 지역은 식수와 농업용 물이 부족한 상황에서 식량 확보에 큰 어려움을 겪어 물이 소중한 자원입니다. 사막화로 이러한 상황은 더욱 심화되고 있습니다. 특히, 유프라테스강과 티그리스강 유역의 시리아, 이라크, 튀르키예의 수자원 갈등은 식량 위기의 한 축을 이루고 있습니다. 이스라엘과 팔레스타인 또한 정치적 긴장과 함께 이 지역에서 중요한 수자원과 식량 생산 문제가 맞물려 있습니다.

미래의 식량 확보 전쟁:
증가하는 이상 기후와 기술 개발 경쟁

미래에는 식량 생산과 자원 확보를 둘러싼 국제 경쟁이 더 심화할 것으

식물성 기반 고기 단백질
출처: newsquest

수경재배의 모습
출처: sentv

로 예상됩니다. 우선 기후 변화가 지속되면서 농업 생산의 불확실성은 더욱 증가할 것입니다. 그리고 유전자 변형 작물, 수경 재배 등 기술 혁신에 대한 국가 간 경쟁도 심화할 것이며 해양 자원과 심해 농업의 활용 가능성도 커지면서 관련 기술 개발 및 기술력 확보 경쟁도 활발할 것입니다. 나아가 실험실에서 배양된 고기라든지 식물 기반 대체육 등 대체 식량 개발에도 국가들은 경쟁할 것입니다.

　이와 같은 요소들은 식량 전쟁의 양상을 더 복잡하고 다양하게 만들 것입니다. 특히 자원 확보를 위한 국가 간 협력이나 외교적 협상이 중요한 역할을 하게 될 것이며, 이로 인해 국제사회는 글로벌 거버넌스(지구적 차원의 문제를 해결하기 위하여 국가 이외의 여러 행위자들이 서로 협동하거나 공동으로 통치하는 일)와 식량 안보에 대한 새로운 접근이 필요할 것입니다.

급증하는 인구로 인한 식량 부족은 단순히 식량 문제에 그치지 않고, 식량 확보를 위한 전쟁과 나아가 정치, 경제, 환경 등 다른 갈등을 유발하는 중대한 문제라고 할 수 있습니다. 이 문제를 해결하기 위해서는 국제 협력과 지속 가능한 농업 혁신, 그리고 식량 분배의 공정성을 보장하는 정책이 절실히 필요합니다.

5장
지속 가능한
식량

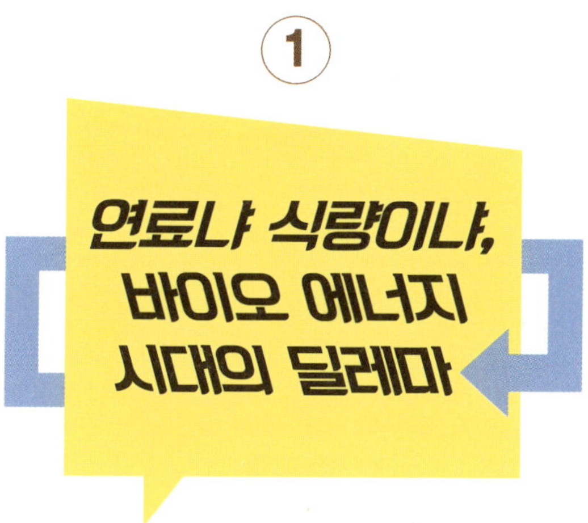

바이오 에너지는 어디서 올까?

화석 연료를 대체할 에너지원으로 재생에너지가 주목받고 있습니다. 재생에너지란 자연적으로 지속적으로 보충되어 사용해도 고갈되지 않는 에너지를 말합니다. 재생에너지에는 태양광, 풍력, 수력, 지열, 조력, 파력, 바이오 에너지 등이 있습니다. 이 중 바이오 에너지bio-energy는 생물체로부터 얻은 바이오매스Biomass를 직접 또는 화학적·물리적 변환 과정을 통해 액체·가스·고체 연료나 전기·열에너지 형태로 이용하는 것을 말합니다.

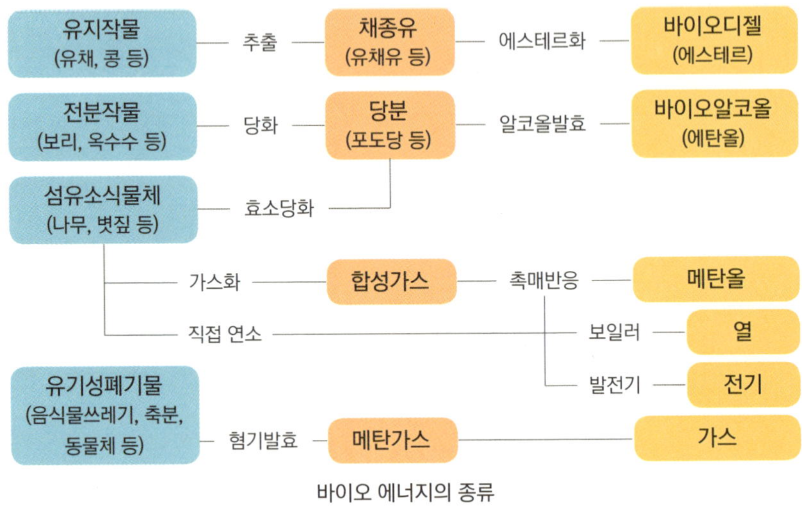

바이오 에너지의 종류

출처: 한국에너지공단

한편, 바이오 연료bio-fuel는 바이오 에너지의 하위 개념으로, 주로 교통수단, 난방, 전력 생산에 사용되는 바이오에탄올과 바이오디젤 등을 의미합니다. 다만, 바이오 연료가 바이오 에너지에서 차지하는 비중이 커서 두 용어가 혼용되는 경우도 많습니다.

바이오 에너지는 바이오매스의 종류에 따라 구분할 수 있습니다. 바이오매스는 크게 재배 작물, 폐기물, 섬유소 식물체로 나뉩니다. 재배 작물은 다시 전분 작물과 유지 작물로 구분되지요. 사탕수수, 옥수수, 카사바 등의 전분 작물에서 바이오에탄올이, 유채 씨, 대두, 기름야자 등의 유지 작물에서 바이오디젤이 만들어집니다. 음식물 쓰레기, 축분, 동물체 등 폐기물에서는 메탄가스를 얻고, 나무와 볏짚 같은 섬유소 식물체에서는 합성가스를 생산해 이로부터 다시 메탄올, 열, 전기를 얻습니다.

국제 에너지 기구IEA에 의하면 전 세계 전체 전기 에너지 생산량 중 재생에너지가 차지하는 비율은 2012년 22.8%에서 2021년 28%로 크게 증가했습니다. 재생에너지 중 바이오 에너지가 차지하는 비율은 2000년 6%에서 2020년에는 9%로 지속적으로 증가하고 있는 추세입니다.

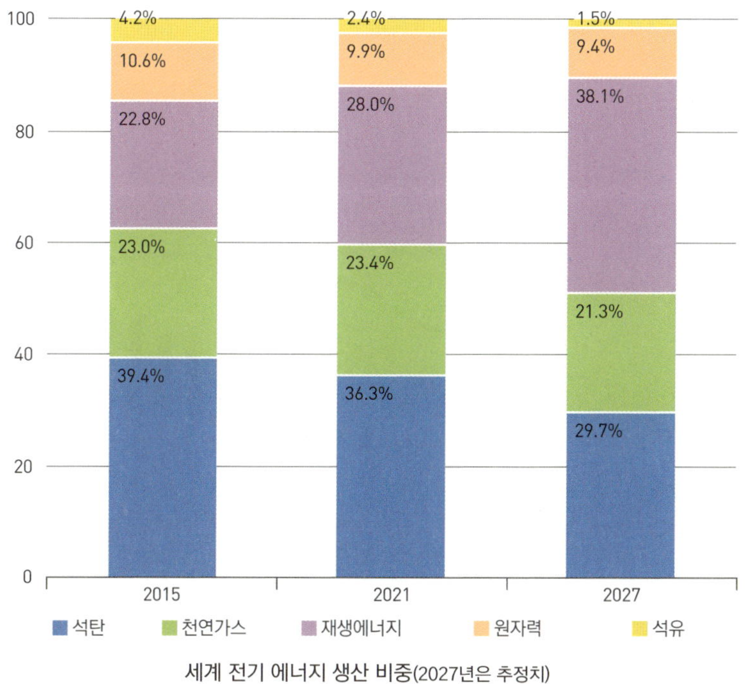

세계 전기 에너지 생산 비중(2027년은 추정치)

출처: 국제에너지기구IEA

바이오 에너지는 재생 가능한 자원으로서 기후 위기 극복의 대안으로 주목받고 있지만, 식량 작물이 바이오 에너지 생산에 사용되면서 식

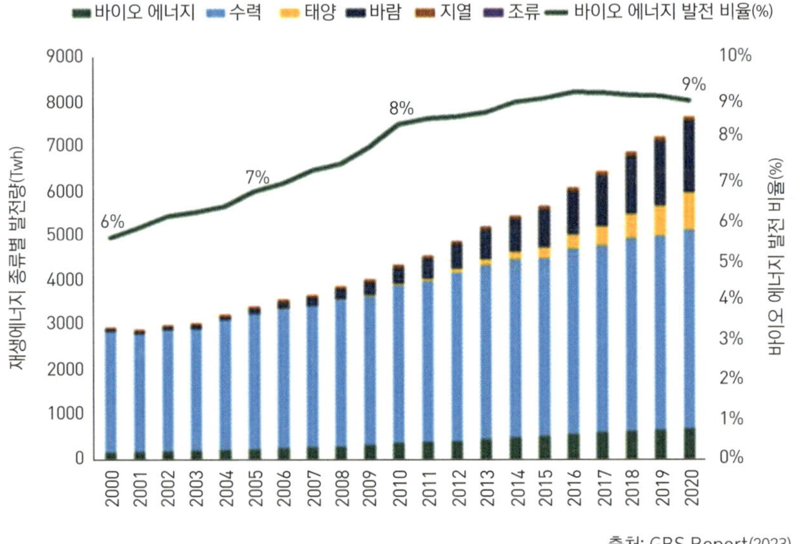

연도	재생에너지 발전량 합계	바이오	수력	태양	지열	조류	바이오 에너지 발전 비율(%)
2000	2.943	162	2.696	1.30	52.2	0.55	0.55
2005	3.413	228	3.018	4.29	58.3	0.52	0.52
2010	4.342	362	3.536	33.7	67.7	0.51	0.51
2015	5.661	509	3.981	834	81.0	1.01	1.01
2020	7.669	685	4.453	1.598	94.9	0.99	0.99

세계 재생에너지 종류별 에너지 생산 비율(단위: Twh)

출처: GBS Report(2023)

로 주목받고 있지만, 식량 작물이 바이오 에너지 생산에 사용되면서 식

량 위기를 초래할 수 있다는 우려도 있습니다. 비이오 에너지는 과연 기후 위기를 해결할 열쇠가 될 수 있을까요? 아니면 우리의 식탁을 위협하여 오히려 인류를 식량 위기에 빠지게 할까요?

바이오 에너지는 지구 환경에 이로울까?

바이오 에너지는 인류가 불을 사용하기 시작하면서 등장한 에너지원입니다. 땔감을 태워 열을 얻는 것도 바이오 에너지 이용의 초기 형태라 할 수 있지요. 그러나 현대적 의미의 바이오 에너지는 20세기에 들어서야 본격적으로 시작되었어요. 바이오 에너지가 급성장하게 된 결정적인 계기는 1970년대의 석유파동이었어요. 석유파동은 1970년대 주요 석유 생산국인 중동 국가들이 석유 공급을 줄여 석유 가격이 폭등하여 세계 경제가 큰 혼란과 어려움을 겪은 사건을 말합니다.

석유에 대한 의존도를 낮추기 위한 대체 에너지로 바이오 에너지가 부상하기 시작한 것이지요. 이후 UN 기후 변화 협약이 등장하면서 바이오 에너지에 대한 논의가 전 세계적으로 더욱 활발해졌습니다. 기후 변화 협약으로 온실가스 감축 의무를 부여받은 국가들이 화석 연료를 대체할 수 있는 바이오 에너지에 주목했기 때문이지요.

세계 4대 바이오 에너지 생산국은 중국, 미국, 브라질, 독일입니다. 이중 브라질은 세계 3대 바이오 연료 생산국(미국, 브라질, 인도네시아)에도 동시에 이름을 올릴 만큼 바이오 에너지와 바이오 연료의 선두주자로,

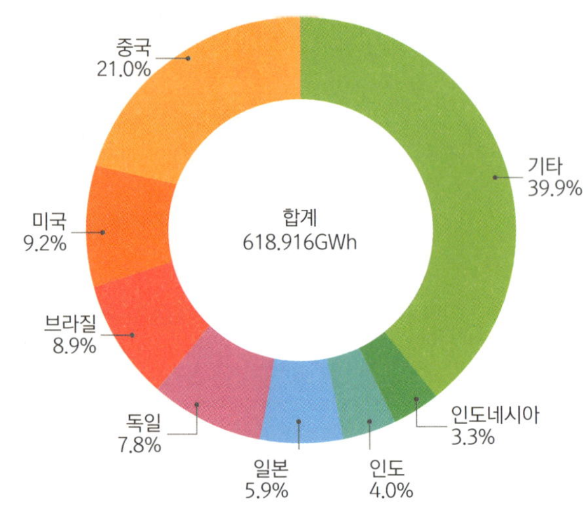

국가별 바이오 에너지 생산량 비율(2022)

출처: 국제 재생에너지기구 통계자료 활용

2023년 바이오 연료 주요 생산지

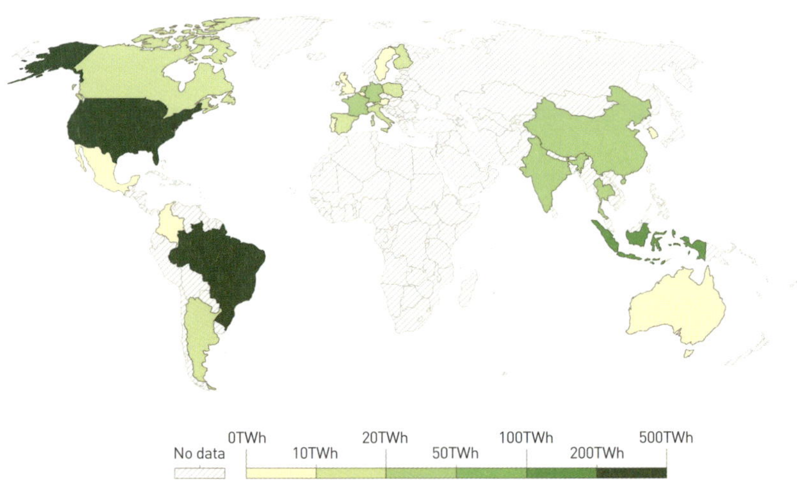

출처: Our World in Data

세계 1위의 사탕수수 생산 국가이기도 합니다.

사탕수수 농가는 설탕 시장의 불황 시 큰 타격을 입게 되므로, 사탕수수 판매의 안정성을 확보하기 위해 브라질은 사탕수수의 용도를 다양화하려고 했어요. 이에 따라 1931년 휘발유에 사탕수수에서 생산되는 바이오에탄올을 5% 혼합할 것을 의무화했습니다. 당시 우리나라는 자동차가 보급되기도 전이었습니다. 이후 석유파동을 지나 2015년 파리 기후 변화 협약에 참여하면서 바이오에탄올 혼합 비율을 27.5%까지 확대했습니다. 현재 브라질에서는 순수 휘발유 연료만 사용하는 자동차의 사

브라질의 주유소
바이오에탄올이 함유된 휘발유GASOLINA와 100% 바이오에탄올ETANOL
두 종류의 연료를 판매하고 있음

출처: Bora Investir

용이 금지되어 있으며, 주유소에서는 바이오에탄올이 함유된 휘발유와 100% 바이오에탄올 두 종류의 연료를 판매하고 있습니다.

이렇게 세계 각국에서 적극 도입되고 있는 바이오 에너지, 과연 바이오 에너지 사용이 지구 환경 보호에 정말로 효과가 있을까요? 바이오 에너지는 다음과 같은 이유로 화석 연료에 비해 온실가스 배출을 줄일 수 있는 대안으로 주목받고 있습니다.

먼저, 바이오 에너지의 친환경적인 순환 과정입니다. 바이오 에너지는 연소 시 물과 이산화탄소로 분해됩니다. 이때 배출된 이산화탄소는 생물체의 광합성 작용에 의해 다시 바이오매스로 흡수되어, 바이오매스

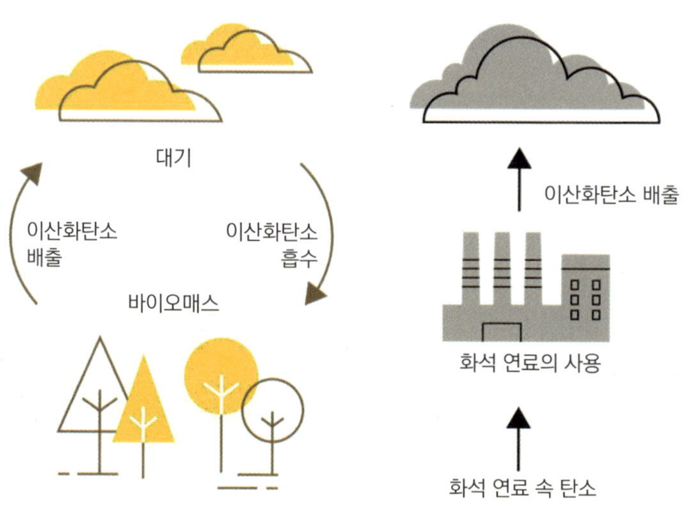

바이오 연료의 순환 과정과 화석 연료와의 비교

출처: k-biofuels.or.kr

의 구성 성분이 되지요. 따라서 대기 중 이산화탄소 농도를 증가시키지 않고 재순환되며, 탄소 중립Carbon neutral 연료로 간주됩니다. 탄소 중립이란, 탄소 배출을 줄이거나 배출된 탄소를 흡수하여 실질적인 배출량을 0으로 만드는 것을 의미합니다.

옥수수로 만들어지는 에탄올은 휘발유 대비 온실가스 배출을 약 20~30% 줄일 수 있으며, 사탕수수로 만들어지는 에탄올은 최대 61%까지 감축할 수 있습니다. 볏짚, 옥수수 줄기와 같은 식물 섬유소의 바이오매스는 최대 86%의 감축 효과가 있지요. 식물 섬유소 바이오매스의 감축 효과가 유독 높은 이유는, 비식용 작물에서 추출되기 때문에, 식량 공급에 미치는 영향 적어 숲을 파괴하여 경작지를 확대하는 일이 상대적으로 적기 때문입니다.

폐기물 바이오매스의 경우, 농업 폐기물, 목재 찌꺼기, 음식물 쓰레기 등을 연료로 사용하면 이들 폐기물을 매립지로 보내는 양을 줄일 수 있으며, 동시에 에너지도 생산할 수 있습니다. 폐기물 바이오매스를 사용한 바이오 에너지는 화석 연료 대비 최대 80% 이상의 온실가스 배출 감소 효과를 나타냅니다. 이러한 높은 감축률은 폐기물 자체가 이미 사용된 자원이기 때문인데, 에너지 생산에 새로운 자원을 추가적으로 투입하지 않아 탄소 배출이 더욱 최소화될 수 있는 것입니다. 이처럼 바이오 에너지는 생산 및 사용 과정에서 배출되는 온실가스의 양이 화석연료에 비해 적어 재생 가능한 에너지원으로 각광받고 있습니다.

그러나 반대로 바이오 에너지가 환경 보호에 부정적인 영향을 미친다는 의견도 있습니다. 바이오매스 생산을 위해 무분별한 삼림 벌채가 이루어진다는 것입니다. 연료용 곡물 생산을 위해 숲이나 초지를 직접 개간하는 것을 '직접적 토지 이용 변화DLUC, Direct Land Use Change'라고 하고, 기존 식량 생산지를 바이오 연료 생산에 활용하면서 새로운 식량 생산지 확보를 위해 다른 지역의 숲이 개간되는 것을 '간접적 토지 이용 변화ILUC, Indirect Land Use Change'라고 합니다. 두 가지 모두 오히려 온실가스를 증가시킬 우려가 있습니다. 특히 이탄지(해안 습지, 얕은 호수, 늪 등에서 식물 유해가 부분적으로 분해되어 축적된 토지)나 열대우림처럼 이산화탄소가 고농도로 저장된 지역이 개간될 경우, 바이오 연료 사용으로 감축되는 온실가스보다 훨씬 더 많은 온실가스가 배출될 수 있어 피해가 더욱 심각해질 수 있습니다.

유럽연합에서는 기름야자로부터 생산되는 팜유를 '간접적 토지이용 변화' 위험도가 높은 바이오매스로 지정했는데요. 기름야자는 주로 인도네시아와 말레이시아에서 재배되며 이 두 나라가 세계 전체 생산량의 약 85%를 차지하고 있습니다. 특히 바이오 연료 3대 생산국 중 하나인 인도네시아에서 최근 기름야자 재배가 급격히 확대되고 있습니다. 이로 인해 온실가스를 대량으로 흡수하는 열대우림이 대규모로 파괴되고, 온실가스를 땅속에 잡아두는 이탄지도 파괴되고 있습니다. 결과적으로 지구 환경을 지켜주기보다는 오히려 대량의 이산화탄소가 배출되고, 야생 생물의 서식지가 없어지는 환경파괴가 일어나고 있는 것입니다.

세계산림연맹GFC의 쾨미 크폰조 아프리카 담당관은 바이오매스가 친환경적이라는 생각에 우려를 표하며, "바이오매스용 목재 생산을 위한 단일 수종의 플랜테이션 조성은 기존의 자연림과 생물 다양성을 파괴하고, 토착민의 토지를 빼앗으며, 대기오염, 수질오염 등을 초래한다"고 지적했습니다. 이처럼 바이오 에너지의 원료를 생산하기 위해 숲이 파괴되는 것 외에도 농약 살포로 인한 토양 오염, 화학 비료 생산 및 사용으로 인한 온실가스 배출 등의 추가적인 문제들도 발생합니다.

바이오 연료 최대 생산국인 미국에서는 바이든 정부가 들어선 이후 옥수수를 활용한 바이오에탄올 생산 확대 정책을 추진해왔습니다. 반면, 미국 내 일부 환경 단체들은 바이오 연료가 반드시 친환경적이지 않다고 주장하고 있으며, 이를 뒷받침하는 여러 연구 결과도 발표되고 있습니다. 이에 더하여 최근 트럼프 대통령이 재선에 성공하면서, 미국의 에너지 정책이 바이오 연료와 같은 친환경 연료보다 전통적인 화석 연료 중심으로 회귀할 것으로 예상됩니다. 이에 따라 미국 정부의 친환경 정책에도 변화가 있을 가능성이 큽니다. 다만, 미국 경제에서 중요한 역할을 하는 '콘벨트Corn Belt' 지역의 침체를 막기 위해, 정부가 바이오 연료를 즉각 외면하기는 어려울 것으로 보입니다. '바이오 에너지는 지구 환경에 이로운가?' 이 질문에 대한 논란은 앞으로도 계속될 전망입니다.

바이오 에너지가 우리의 식탁을 위협한다?

세계에서 가장 많이 생산되는 작물은 무엇일까요? 세계인의 주식에 해당하는 밀과 쌀일까요? 정답은 사탕수수입니다. 세계 4대 작물은 사탕수수, 옥수수, 밀, 쌀입니다. 그렇다고 '사탕수수와 옥수수를 밀과 쌀보

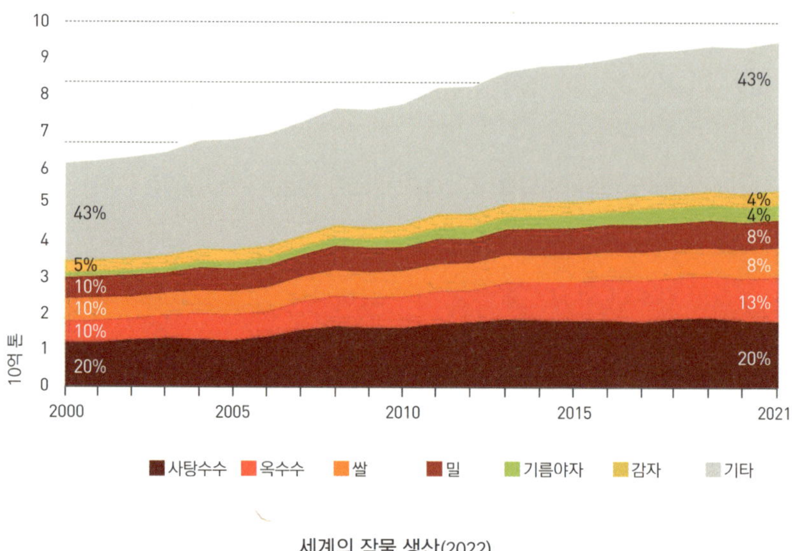

세계의 작물 생산(2022)

출처: FAO

다 많이 먹는다'고 오해해서는 안 됩니다. 사탕수수와 옥수수는 오로지 사람이 먹기 위해서만 생산하는 것이 아니기 때문입니다. 실제로도 연료용, 사료용으로 생산되는 양이 대부분입니다. 세계 1위의 옥수수 생산 국가인 미국에서 1년 간(2022년 9월~2023년 8월) 생산된 옥수수 중 37.9%가 가축 사료로, 29.6%가 바이오 연료의 원료로서 사용되었습니다.

바이오 연료 생산에 가장 많이 사용되는 작물은 옥수수, 그다음은 사탕수수입니다. 사탕수수는 2000~2021년 기간 동안 전 세계 작물 생산량의 약 20%를 차지했습니다. 2000년에 옥수수, 밀, 쌀은 각각 전체의 10%를 차지했지만, 이 기간에 옥수수 생산량은 밀이나 쌀보다 3배나

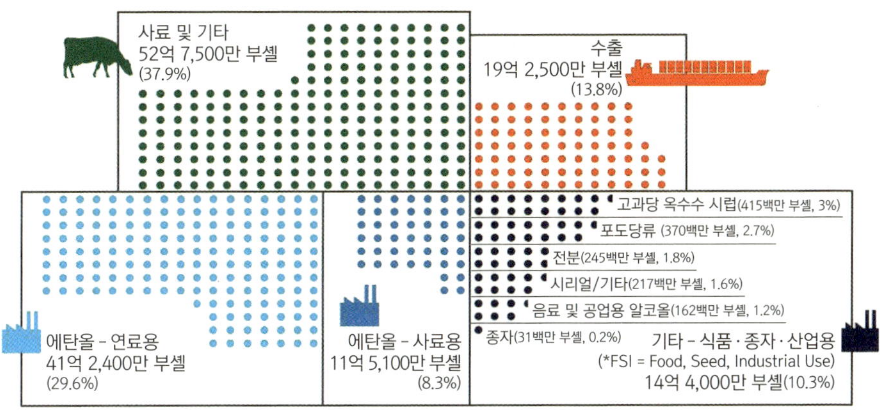

미국 분야별 옥수수 사용량(ncga)

출처: ncga.com

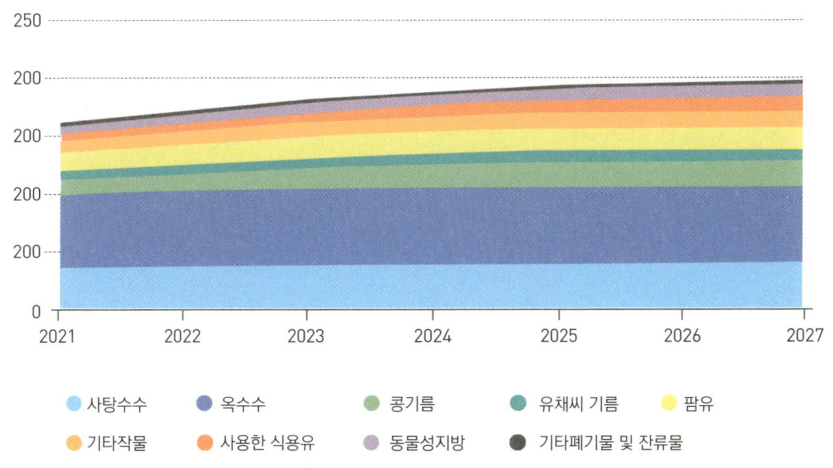

세계 원료별 총 바이오 연료 생산량(2021~2027)
기타 작물에는 옥수수 기름, 밀, 쌀, 카사바, 카멜리나 및 목재 농장이 포함됨
기타 폐기물 및 잔류물에는 도시 고형 폐기물, 목재 폐기물, 톨 오일 및 POME이 포함됨

출처: IEA

빠르게 증가하여 2021닌에는 쌀을 추월하여 전 세계에서 두 번째로 많이 생산되는 작물이 되었습니다.

이렇게 바이오 연료 생산에 사용되는 식량 작물의 양이 늘어나면서 세계인의 식탁이 위협을 받고 있습니다. 바이오 연료 작물의 수요가 증가하면 작물의 가격이 상승하게 됩니다. 또한 식량으로 사용되는 곡물의 공급도 줄어들기 때문에 식량 가격도 함께 상승하게 됩니다. 특히, 옥수수와 같은 작물은 바이오에탄올과 식량 양쪽에서 사용되기 때문에, 옥수수 가격은 더욱 크게 오를 수 있습니다. 영국의 환경 단체 '리플래닛'의 조사에 따르면, 2020년 EU(유럽연합)에서 바이오 연료를 만들기 위해 밀 330만 톤과 옥수수 650만 톤이 쓰였다고 합니다. 바이오 연료에 하루 평균 1만 톤의 밀을 사용한 셈입니다. 밀 1만 톤은 빵을 하루 약 1500만 개, 1년이면 50억 개를 만들 수 있는 양에 달합니다. 식량 작물뿐만 아닙니다. 사료용 작물의 가격도 덩달아 함께 상승할 수 있습니다. 사료용 작물의 가격 상승은 고깃값의 상승으로도 이어질 수 있습니다.

바이오 연료 사용이 늘어남에 따라, 식량 가격이 국제 유가에 영향을 받기도 합니다. 유가가 상승하면 바이오 연료에 대한 수요가 많아져, 더 많은 곡물이 바이오 연료로 전환되면서 동시에 식량 가격이 상승하게 되는 것입니다. 실제 러시아-우크라이나 전쟁으로 국제 유가가 급등하자 바이든 전 미국 대통령은 "물가 상승의 70%는 푸틴 때문에 발생한 유가 상승에서 기인한다"고 비난하며 유가 안정을 위해 금지하고 있던 고高에탄올 휘발유에 대한 판매를 허용하기도 했습니다.

2022년 2월 러시아가 우크라이나를 침공한 뒤 유가가 급등하고 바이오 연료의 수요도 높아져 "식량이냐, 연료냐"에 대한 논의가 더욱 대두되고 있습니다. IEA의 보고서에 따르면 식량 작물을 기반으로 한 바이오 연료가 정말 친환경적인지에 대한 의문으로 인해 생산 비율이 점차 감소하고 있으며, 2050년에는 전체 바이오 연료에서 차지하는 비율이 약 3% 이하로 떨어질 것으로 예상했습니다. 대신 바이오 연료의 약 60%는 농업 잔류물, 식품 가공 폐기물, 산업 및 도시 폐기물 등 지속 가능한 폐기물에서 나오게 될 것으로 예상했습니다. OECD-FAO에서도 생산량 전체에서 바이오 연료로 사용되는 양의 비율이, 2030년에는 밀은 1.2%, 옥수수는 13.7%, 사탕수수는 22.0%로 현재에 비해 대폭 하락할 것으로 예측했습니다.

우리나라의 주식은 쌀입니다. 다행히 우리나라의 쌀 자급률은 92.9%(2023년 수치. USDA)에 달합니다. 그에 반해 옥수수나 밀의 해외 의존도는 각각 98.3%, 99.2%로 매우 높은 수치입니다. 옥수수 수입량의 대부분은 가축 사료용입니다. 바이오 연료 사용이 우리의 식탁을 위협하기에 충분한 상황입니다. 우리의 식탁을 지키기 위해 우리는 바이오 연료를 어떻게 바라보아야 할까요?

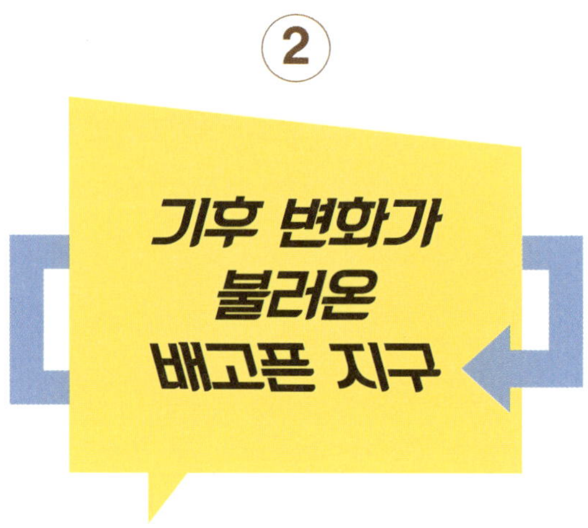

기후 변화로 몰락한 제국들

기후는 인간 생활의 많은 부분을 결정합니다. 그중 하나가 바로 식문화입니다. 아시아 문화권의 주식이 쌀인 이유, 유럽과 아메리카 문화권에서 밀이 주식인 이유도 모두 기후 때문입니다. 동남아시아 요리에 향신료가 많이 사용되는 것도 일 년 내내 더운 기후 덕분이며, 노르웨이의 라크피스크와 같이 북유럽에서 염장 요리가 발달한 이유도 겨울이 길고 추운 기후 때문입니다. 이처럼 기후는 다양한 식문화를 발달시켜 인류의 식탁을 풍부하게 만들었지만, 동시에 기후는 식탁을 위협하는 존재가 되기도, 나아가 국가와 문명의 흥망을 결정짓기도 합니다.

'아카드의 저주'로 알려진 아카드 제국의 멸망 역시 기후 변화가 원인 중 하나라는 것이 정설입니다. 약 4,000년 전 만들어진 점토판에는 다음과 같이 '아카드의 저주'가 새겨져 있습니다.

넓은 들판에 곡식이 나지 않고

범람한 강에서 고기가 나지 않고

물 주어 가꾼 밭에 꿀도 와인도 나지 않네.

구름이 끼어도 비는 오지 않으니

사르곤 왕이 세운 아카드 제국의 범위

출처: doopedia.co.kr

아카드 제국은 유프라테스-티그리스 강 유역의 메소포타미아 지역을 통합한 사르곤 왕에 의해 세워진 인류 최초의 제국입니다. 아카드 제국은 기원전 약 2,300년에서 기원전 약 2,100년경까지 200여 년 간 존재했을 것으로 추정됩니다. 점토판에 기록된 내용은 아카드 제국이 심각한 가뭄으로 황폐화된 모습을 묘사하고 있습니다. 이 점토판은 아카드 제국이 멸망하기 100여 년 전에 만들어졌을 것으로 추정되어 아카드 제국의 미래를 예언한 '저주'라는 별명이 붙게 되었습니다. 인류 최초의 제국을 이룰 정도로 번성했던 아카드가 돌연 멸망한 까닭은 오랜 기간 미스터리로 여겨졌으나 1980년대 이후 여러 연구를 통해 그 비밀이 밝혀졌습니다. 미국 예일대와 프랑스 국립과학연구소의 지층 연구에 따르면 화산 폭발의 영향으로 화산재가 덮친 뒤 기후가 건조해지기 시작했으며 지렁이조차 살 수 없을 정도로 황폐해졌다고 합니다. 미국 콜롬비아대학교 연구진도 기후 변화가 아카드 제국을 몰락시켰다는 설에 힘을 실어 주었습니다. 오만만의 심해 퇴적물을 연구한 결과 아카드 제국이 붕괴될 즈음 메소포타미아 지역의 건조도가 급격히 올라갔으며 이는 300여 년 간 지속되었다고 합니다.

기후의 영향으로 몰락한 또다른 제국의 사례로는 로마 제국이 있습니다. 로마 제국의 몰락에는 여러 복잡한 요인이 있지만, 기후 변화 요인을 무시할 수 없습니다. 제국의 전성기 동안, 지중해 지역은 '로마 기후 최적기'(기원전 200년~기원후 200년)의 따뜻하고 습윤한 기후로 인해 농업 생산성이 높았고, 이는 제국의 경제 및 사회 구조를 안정시키는 데 기여했습니다. 그러나 3세기경부터 기후가 점차 춥고 건조해지면서 농업에 큰 타격을 주었고, 이는 식량 부족과 경제 위기로 이어졌습니다. 농업 기반의 약화에 더해 게르만족의 침략과 정치적 불안정이 겹치면서, 서로마 제국은 결국 476년에 멸망하고 말았습니다. 동로마 제국 역시 기후 변화의 영향을 피하지 못했습니다. 엎친 데 덮친 격으로 화산 폭발로 인한 화산재가 태양 빛을 가리면서 기후를 급격히 냉각시켰고, 계속되는 한랭 건조해진 기후로 발생한 기근은 전염병(흑사병)의 확산을 촉발시켜

마야 문명

동로마 제국을 악화시켰습니다(그럼에도 동로마 제국은 1453년까지 존속했습니다).

마야 문명은 기원전 2,000년경부터 멕시코 동남부, 과테말라, 엘살바도르 북부, 벨리즈, 온두라스 서부, 유카탄반도를 중심으로 번영했던 문명입니다. 발달한 언어체계와 수준 높은 문화를 누렸으며 예술, 건축, 수학, 달력, 천문학 기술을 가지고 있었다고 알려져 있지요. 유카탄반도를 넘어 카리브해까지 뻗어 나가며 번영하던 마야 문명은 돌연 몰락해버렸습니다. 그 근원적인 요인은 유카탄반도 남부의 기후 변화였습니다. 8세기 중반부터 유카탄반도 남부에 닥친 극심한 가뭄은 약 200년간 지속되었습니다. 이 가뭄으로 유카탄반도 남부 지역의 대도시들이 황폐화되었습니다. 농업 기반이 무너지고 물과 같은 필수 자원의 부족이 문명의 붕괴로 이어진 것입니다. 고전기 마야 문명이 몰락한 후 마야인들은 유카탄반도 북부로 옮겨 새로운 문명을 형성했습니다. 그러나 15세기 중후반에 이르러 역시 극심한 가뭄으로 몰락의 길을 걷게 되었습니다.

이 외에도 에게문명의 중심지였던 크레타섬의 미노스문명(기원전 3650년경~기원전 1170년경)은 엘니뇨의 영향으로 가뭄이 이어지면서 기원전 1,200년 무렵 멸망했으며, 동남아시아 지역에서 캄보디아, 태국, 베트남, 라오스, 말레이반도에 이르는 거대한 제국을 형성했던 앙코르 제국(9~15세기경) 역시 장기간 가뭄으로 흉년이 들어 멸망했습니다.

이들 사례를 오늘날의 기후 위기와 비교해보면 비록 기후 변화의 규모나 양상은 다르지만, 기후 변화가 인류 문명에 미치는 치명적인 영향은 여전히 유효하다는 점에서 큰 교훈을 얻을 수 있습니다.

토마토 없는 햄버거,
기후 변화가 가져 온 식량 안보 위기

토마토 없는 햄버거를 떠올리면 어떤가요? 아마도 단팥이 안 든 찐빵처럼 느껴질 것입니다. 2023년, 인도의 맥도날드와 버거킹 등 여러 패스트푸드 체인점이 햄버거에서 토마토를 제외하기로 했습니다. 이는 이상 기후로 인해 토마토 공급이 불안정해졌기 때문입니다. 그런데 비슷한 일이 우리나라에서도 발생했습니다. 2023년, 우리나라의 K사에서는 아예 햄버거 레시피에서 토마토를 빼기로 정했습니다. 그 이유 역시 기후 변화로 인해 토마토 생산이 예전처럼 원활하지 않기 때문이었습니다. 현재 인도에서는 토마토를 다시 제공하고 있지만, 우리나라의 레시피에서 토마토가 빠진 것처럼 토마토가 영영 햄버거에서 사라질지도 모를 일입니다.

오늘날 기후 변화는 우리에게 어떤 치명적인 영향을 미치고 있을까요? 2021년 세계기상기구WMO 사무총장은 "극단적인 이상 기후가 이제 '뉴 노멀New Normal'이 되었다"며, "그중 일부는 인간이 일으킨 기후 변화 때문이라는 과학적 증거가 점점 증가하고 있다"고 지적했습니다. '뉴 노멀'은 기존의 정상적인 상태나 관행이 아닌 새로운 표준이나 규범을 의미하는데, 사무총장은 기록적인 폭염, 대규모 홍수 등 기상 이변 현상이 이제 더 이상 이변이 아닌 일상이 되었다고 주장한 것이지요. 기후 변화는 더 이상 우리가 대비해야 할 미래의 문제가 아니라, 이미 우리가 적응하고 극복해야 할 현재의 문제인 것입니다.

기후 변화가 지구 환경과 인간에게 미치는 다양한 영향 중 가장 우려해야 할 것은 식량 위기입니다. 식량안보정보네트워크FSIN가 발표한 2024년 세계 식량 위기 보고서에 따르면, 2023년 기준 59개국의 약 2억 8,200만 명이 '심각한 식량 불안정Acute Food Insecurity'에 놓여 있습니다. 이는 적절한 식량 섭취가 없을 경우 생명이나 생계가 즉각적인 위험에 빠지는 상태를 뜻합니다. 보고서는 식량 불안정의 주요 원인으로 분쟁Conflict, 경제적 충격Economic Shock, 그리고 극심한 이상기후Weather Extremes를 제시하고 있습니다. 특히, 59개국 중 18개국에서 약 7,190만 명이 기후 변화가 주된 요인인 식량 불안정을 겪고 있습니다. 나머지 41개국에서도 기후 변화가 식량 불안정을 악화시키는 중요한 요인으로 작용하고 있습니다.

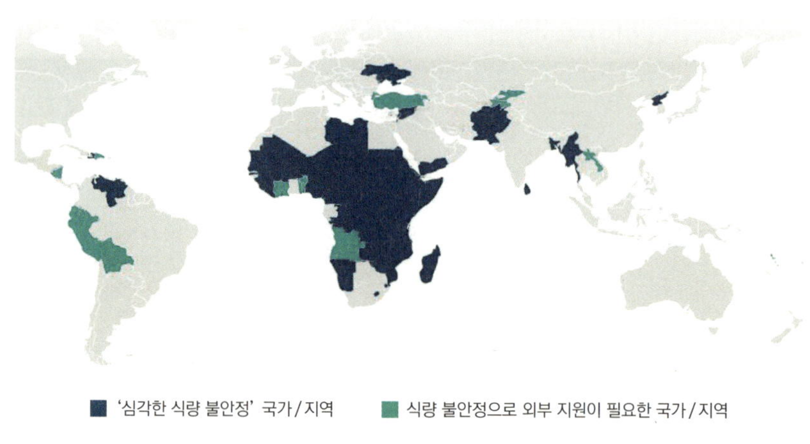

출처: fsinplatform.org

보고서에 따르면, 식량 불안정을 겪고 있는 국가는 주로 아프리카와 남아메리카 태평양 연안 지역에 집중되어 있습니다. 아프리카에서는 국가·종족 간 분쟁이 주요 원인이긴 하지만, 여기에 기후 변화로 인한 가뭄이나 홍수가 식량 불안정을 더욱 악화시키고 있습니다. 남아메리카 국가들 역시 경제 위기와 기후 변화가 복합적으로 작용하여 식량 불안정을 겪고 있습니다. 특히, 동아프리카, 중앙 및 남부 아프리카, 라틴 아메리카와 카리브해 지역에서는 엘니뇨 현상으로 인해 극심한 이상 기후가 발생하면서 기후 변화의 영향이 더욱 두드러졌습니다. 엘니뇨 현상은 남아메리카 태평양 해안을 포함한 적도 부근의 동태평양 해수면 온도가 평년보다 높아지는 현상을 말합니다. 지구 온난화로 인해 엘니뇨 현상이 더욱 강력해지고 장기화되면서, 전 세계적으로 극심한 이상 기후가 빈번하게 발생하고 있습니다.

'아프리카의 뿔Horn of Africa' 지역은 2020년부터 2022년까지 3년 연속 평균 이하의 강수량을 기록하며 40년 만에 최악의 가뭄을 경험했습니다. 국제 식량 안보 및 영양 실무 그룹FSNWG에 따르면, 이 가뭄으로 1,600만 명 이상이 식수 부족에 시달리고 있으며, 주요 작물 수확량은 3년 연속 감소했고, 우유 생산도 줄어들었으며, 900만 마리 이상의 가축이 사라졌다고 합니다. 여기에 분쟁, COVID-19, 메뚜기 떼로 인한 심각한 농작물 피해, 그리고 우크라이나 전쟁으로 인한 곡물 가격 급등이 겹치면서 상황이 더욱 악화되었습니다.

에티오피아, 케냐, 소말리아에서 약 1,800만~2,100만 명이 심각한 식량 불안정에 직면해 있으며, 2022년 상반기에만 568,000명의 아동이 중증 급성 영양실조로 치료를 받았는데, 이는 최근 몇 년보다 상당히 증가한 수치입니다. 소말리아에서만 가뭄과 우크라이나 전쟁으로 인한 식량 가격 급등으로 2022년 한 해 동안 43,000명이 사망했다고 합니다.

그렇다고 선진국들이라고 식량 위기의 위협에서 안전한 것은 아닙니다. 2022년 극심한 가뭄과 고온 현상으로 인해 유럽연합EU의 곡물 생산량이 급격히 감소했습니다. 전체 곡물 생산량은 약 2억 7,090만 톤으로, 전년도에 비해 9% 감소한 수치입니다. 특히 옥수수의 경우 전년 대비 27.5%나 감소했습니다. 세계 2위 밀 수출국인 호주도 가뭄으로 밀 수확량이 줄어들었고, 호주 당국은 2023~2024년도 밀 수출량이 전년 대비 29% 감소한 2,100만 톤에 이를 것으로 예측하고 있습니다. 2023년 아르헨티나는 63년 만의 폭염과 가뭄으로 식량 생산이 크게 줄었고, 특히 옥수수의 세계 공급량이 대폭 감소할 것으로 예상되고 있습니다. 인도는 폭염과 호우로, 태국은 엘니뇨 현상으로, 베트남은 가뭄으로 전 세계에서 쌀 생산량이 감소했습니다.

이상 기후 현상으로 식량 생산량이 줄어들면 식량 가격은 상승하게 되는데, 이를 기후플레이션climateflation이라고 합니다. 기후플레이션이란, 기후climation와 지속적인 물가 상승을 뜻하는 인플레이션inflation의 합성어입니다. 즉, 폭염과 폭우 등 이상 기후로 인해 식량 물가가 오르는 현상을 뜻합니다. 이 기후플레이션은 세계 각국의 식량 안보에 심각한 위협이 될 수 있습니다. 기후플레이션은 세계 각국의 식량 안보에 심각한 위협이 될 수 있습니다. 우리나라는 2022년 기준 식량 자급률이 46%로(사료용을 포함할 경우 이보다 더 낮은 20.1%), 식량의 해외 의존도가 매우 높은 수준입니다. 따라서 우리나라는 기후플레이션이 지속될 경우 식량 수급에 큰 어려움을 겪을 것으로 예상됩니다.

김치 없는 대한민국:
기후 변화가 불러올 미래의 식량 위기

"Kimchi no more? Climate change puts South Korea's beloved cabbage dish at risk(더 이상 김치는 없다? 기후 변화로 인해 한국의 사랑받는 배추 요리가 위험에 처하다)."

2024년 9월 3일(현지시각), 영국의 로이터통신이 보도한 기사의 헤드라인입니다. 로이터는 "과학자와 농부, 김치 제조업체들은 배추의 품질과 생산량이 기온 상승으로 인해 심각한 타격을 받고 있다고 말한다"고 보도했습니다. 덧붙여 배추는 시원한 기후에서 자라는 작물로 한국의 산지 지역에서 주로 재배되는데 기후 변화로 인해 날씨가 더워지면서 언젠가는 배추를 재배하지 못할 수도 있다고 설명했습니다.

실제로 통계청에 따르면, 지난해 고랭지 배추 재배 면적은 20년 전(8796헥타르)에 비해 절반 수준인 3995헥타르로 줄었습니다. 농촌진흥청은 향후 25년 동안 배추 경작 면적이 급격히 줄어 44헥타르로 감소할 것으로 전망했으며, 2090년에는 고랭지 배추가 전혀 재배되지 않을 것으로 예상했습니다. 높은 기온, 예측하기 힘든 폭우, 여름철 해충 증가가

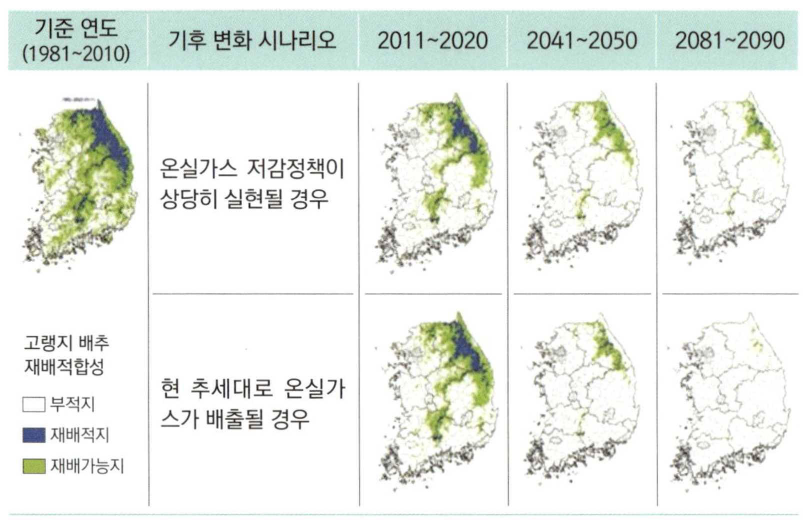

고랭지 배추 재배 면적의 변화

출처: 농업진흥청

재배 면적 감소의 원인으로 지목되었습니다.

문제는 배추 재배 감소뿐만이 아닙니다. 중국산 수입 김치가 한국 김치를 밀어내고 있습니다. 관세청에 따르면, 2024년 7월 말까지의 김치 수입액은 전년 대비 6.9% 증가한 9850만 달러(약 1300억 원)를 기록했는데, 이 중 대부분은 중국에서 수입된 것입니다. 이처럼 중국산 김치에 대한 의존도가 높아지면서, 우리 고유의 식문화와 김치의 정체성이 점차 위협받을 수 있다는 우려도 커지고 있습니다.

국내산 김치가 사라진다는 안타까운 소식은 빙산의 일각에 불과합니다. 2017년 한 연구에 따르면, 지구 온도가 1도씩 상승할 때마다 미국의 옥수수 수확량이 10% 감소하며, 중국은 8%, 브라질과 인도는 5% 감소할 것으로 예측했습니다. 옥수수뿐만 아니라 전 세계 밀 수확량은 6%, 쌀은 3% 감소할 것이라고 예측했습니다. 엎친 데 덮친 격으로 기온이 상승하면 해충이 증식하여 온도가 1도 오를 경우 수확량이 25퍼센트까지 감소할 수도 있다고 합니다.

기후 변화로 인해 발생한 식량 위기는 특히 빈곤 지역 주민들의 생존을 위한 대규모 이주를 일으킬 수 있습니다. 지구온난화 등 기후 변화로 인해 삶의 터전을 떠나야 하는 사람들을 '기후 난민'이라고 합니다. 미국의 미래학자 제러미 리프킨은 "좋은 기후를 찾아 떠도는 유목 시대가 올 것"이라 예측했고, 유엔난민기구는 지난 14년간 매년 평균 2,100만 명이 기후 및 기상 이변으로 인해 강제 이주했으며, 2050년에는 그 수가 최대 12억 명에 이를 것으로 추정했습니다.(다만, 유엔난민기구는 '기후 난민'이라는 용어는 국제법상 기존 난민의 범주에 포함되지 않아 법적으로 난민으로 인정되기 어렵다고 지적하며, 이 용어의 사용을 지양하고 있습니다. 대신 '자연재해 또는 기후 변화로 인한 강제 실향민'이라는 표현을 사용하고 있습니다.)

식량 위기, 기후 난민과 관련된 또 다른 암울한 미래를 들여다봅시다. 환경 저널리스트 마크 라이너스는 자신의 저서 『6도의 멸종』에서 지구 기온이 1도 상승할 때마다 일어날 변화에 대한 다양한 연구 결과들을 를 소개했습니다. 그는 지구 기온이 3도 상승한 세계에서는 전 세계 인구가 100억 명에 달하지만 식량 생산은 절반으로 감소할 것이라고 경고했습니다. 특히 아프리카와 남아시아의 대부분 지역에서는 소규모 자급 농업이 붕괴해, 10억 명 이상의 사람들이 생계 위협에 직면할 것으로 예

보트피플이 된 시리아 난민들. '보트피플'은 난민이 되어 배를 타고 떠돌아다니는 사람들을 의미함

출처: unhcr.org

상했습니다. 또한 그는 기온이 3도 상승한 세계에서는 전 세계적인 식량 부족이 대규모 문명 붕괴를 일으킬 가장 유력한 요인이라고 주장하면서 이러한 미래를 미리 엿볼 수 있는 사례로 시리아 내전을 제시했습니다. 2000년대 일어난 시리아 내전의 원인 중 하나가 기후 변화로 인한 식량 가격 상승이라는 것입니다. 2006년부터 시작된 가뭄이 시리아의 농업에 심각한 타격을 주었고, 이로 인해 수많은 농촌 지역 주민들이 생계를 잃고 삶의 터전을 떠나게 되었습니다. 그러던 중 2007년부터 시작된 전 세계적인 식량 가격 급등은 상황을 더욱 악화시켰습니다. 정부의 부적절한 대응에 더해, 2010년 북아프리카 튀니지에서 촉발되어 아랍·중동 지역과 북아프리카 일대로 확산된 '아랍의 봄'이라 불리는 반정부 시위 운동이 일어났습니다. 이 운동은 정부와 기득권층의 부패, 빈부 격차

등이 원인이 되어 발생했으며, 일부 국가에서는 정권 교체로 이어졌지만 다른 나라들에서는 내전과 사회적 혼란을 초래하기도 했습니다.

이러한 다양한 요인이 결합되면서 결국 시리아에서도 반정부 시위와 내전이 발생했고, 수백만 명의 난민이 발생하게 되었습니다. 시리아 내전의 사례는 기후 변화로 인한 식량 위기가 앞으로도 기후 난민과 갈등을 더욱 유발할 수 있음을 보여줍니다.

기후 위기에도 정의로움이 필요해

"소말리아가 초래하지도 않은 기후 위기 때문에 소말리아인들이 죽어가고 있다"

압디라흐만 아디샤쿠 소말리아 가뭄 대응 특사는 영국 일간지 『가디언』과의 인터뷰에서 "소말리아가 초래하지도 않은 기후 위기 때문에 소말리아인들이 죽어가고 있다"고 호소했습니다. 억울하게도 기후 변화로 가장 고통받고 있는 아프리카는 인류가 초래한 기후 변화에 책임이 가장 적은 지역입니다. 전 세계 탄소배출량 중 아프리카 국가들이 배출하는 양은 2~3%에 불과하지만, 기후 변화로 인한 피해는 가장 크게 받고 있지요.

산업화 이후 지구 기온 상승폭을 1.5℃ 이내로 억제하기 위해 전 세계가 배출할 수 있는 이산화탄소의 남은 양 '탄소 예산'이라고 합니

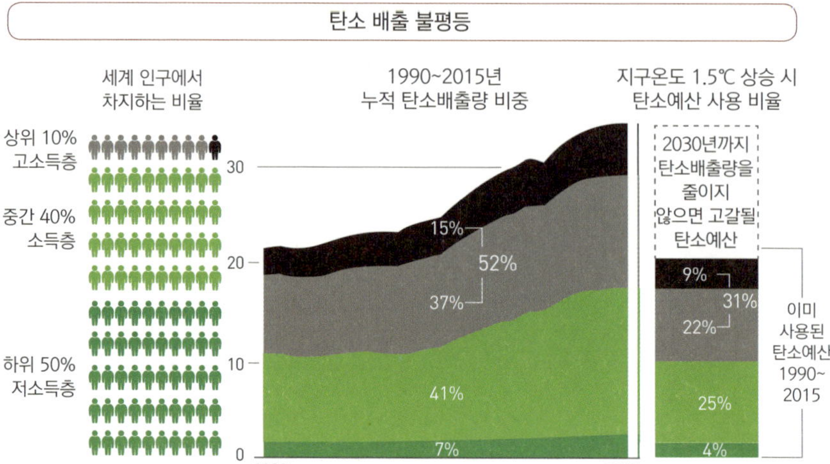

다. 그런데 2020년 국제구호단체 옥스팜과 스톡홀름 환경연구소가 1990~2015년 전 세계 탄소 배출을 분석한 결과, 상위 10%의 부유층이 52%의 탄소를 배출했고 탄소 예산의 31%를 사용했습니다. 반면 하위 50%의 빈곤층은 7%의 탄소를 배출했으며, 탄소 예산은 4% 밖에 사용하지 않았습니다.

'국가별 1인당 이산화탄소 배출량(2022)'과 '2050년까지 경작 가능 기간이 5% 이상 감소할 것으로 예상되는 지역' 두 지도를 비교해보면, 이산화탄소 배출량이 상대적으로 적은 아프리카, 남아메리카, 남부 아시아 지역에서 2050년까지 경작 가능 기간이 5% 이상 감소할 것으로 예상되어 기후 변화로 인해 식량 생산 위기를 더 심각하게 겪고 있음을 확

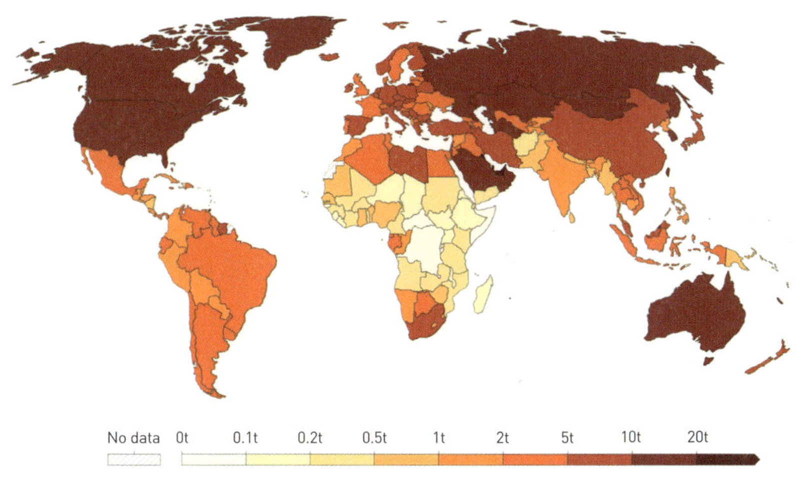

출처: Our World in Data

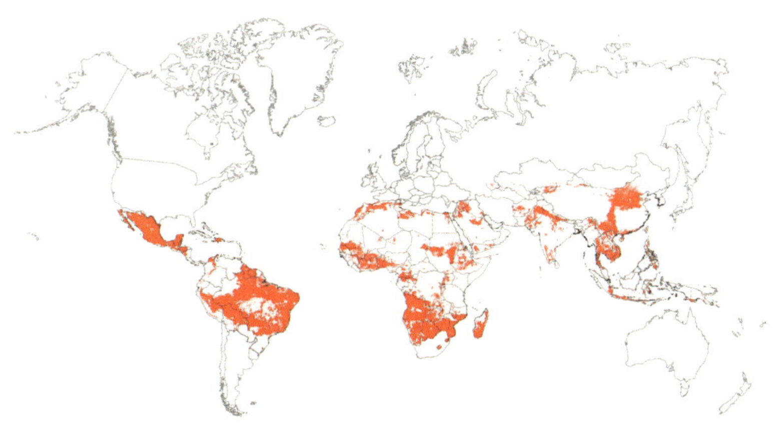

출처: Vermeulen, S.J

인할 수 있습니다. 지구온난화는 1961년 이후 아프리카 농업 생산성을 34% 감소시켰습니다. 이러한 추세는 앞으로도 계속될 것으로 예상됩니다. 지구 평균기온 1.5℃ 상승은 서아프리카에서 옥수수 수확량 9%, 남부 및 북부 아프리카에서 밀 수확량의 20~60% 감소를 초래할 것으로 예상됩니다.

이처럼 기후 변화로 인한 식량 불안은 불평등하게 나타나 경제적 어려움이 큰 국가일수록 더욱 심각한 영향을 받고 있습니다. 미국 농무부 USDA에 따르면 평균적으로 인도의 가정에서는 소득의 30%에 가까운 금액을 식비에 지출하고, 아프리카 케냐의 가정에서는 50% 이상을 지출합니다. 반면, 미국의 가정에서는 10% 미만을 지출합니다. 이는 식량 가격이 오르면 부유한 나라들에 비해 가난한 나라들에게 더욱 치명적일 수 있음을 시사합니다.

기후 위기는 곧 인권 문제이기도 합니다. 기후 변화로 빈곤, 식량 위기를 겪고 있는 사람들은 기후 위기에 가장 적은 책임이 있음에도 가장 큰 피해를 입고 있습니다. 기후 위기에 가장 많은 책임이 있는 사람들은 풍요로움을 즐기면서 가장 적은 피해를 입습니다. 기후 위기는 불평등한 위기입니다. 이러한 불평등을 인식하고, 해결하기 위해 노력을 기울이는 것을 '기후 정의'라고 합니다. 기후 위기를 막기 위한 국제적 협력이 필요한 지금 기후 정의부터 논의되어야 하지 않을까요?

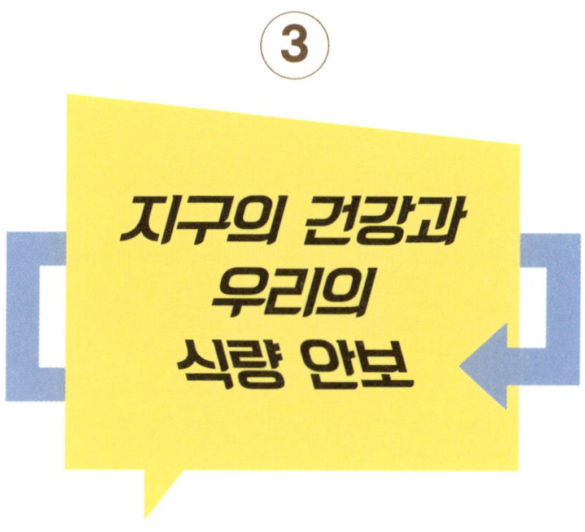

플라스틱 전염병, 우리 식탁 위에 스며든 위험

"플라스틱은 전염병이다."

2022년 케냐 나이로비에서 열린 UN 환경총회UNEA에서 노르웨이 기후환경부 장관 에스펜 바스 에이데는 플라스틱 오염을 '전염병'에 비유했습니다. UN 환경총회는 유엔 환경 프로그램UNEP의 최고 의사결정 기관으로, 전 세계에서 모인 회원국들이 국제적인 환경 문제를 논의하고 해결책을 모색하는 회의입니다. 2022년 나이로비 총회에서는 플라스틱 생산 및 사용을 규제하는 협약(이하 플라스틱 협약)을 만들기로 결정했는데, 에이데 장관은 이를 "오늘 결의로 우리는 공식적인 치료의 궤도에 올랐다"고 표현하기도 했습니다. 플라스틱을 전염병, 플라스틱 협약을 플라스틱 전염병 치료에 비유한 것입니다. 한편, 플라스틱 협약은 파리협정 이후, 가장 주목받는 '녹색 협정'이 될 것으로 기대되고 있습니다. 파리협정은 2015년 프랑스 파리에서 열린 제21차 UN 기후 변화 협약 당사국 총회에서 기후 변화 문제의 국제적 공동 대응을 위해 채택된 역사적인 협약입니다.

OECD(경제협력개발기구)의 보고서에 따르면 1950년에서 2019년까지 전 세계 플라스틱 누적 생산량은 94억 톤에 이릅니다. UNEP는 2050년에는 340억 톤까지 증가할 것으로 전망했습니다. 문제는 플라스틱은 자연적으로 분해되기까지 짧게는 20년, 길게는 500년 이상의 시간이 걸린다는 사실입니다.

특히 바다로 버려진 플라스틱은 사라지지 않고 우리의 식탁으로 되돌아오고 있습니다. 바다로 버려진 어마어마한 양의 플라스틱은 쓰레기 섬을 만들기도 했습니다. 쓰레기 섬들 중 가장 면적이 넓은 북태평양 쓰레기 섬은 그 면적이 160만km²에 달하는데, 이는 우리나라 면적의 16배에 해당하는 크기입니다. 바다의 플라스틱은 바닷새나 물고기가 먹이로 착각하고 먹는 경우가 많습니다. 일례로 병뚜껑과 일회용 라이터는 앨버트로스가 가장 좋아하는 플라스틱입니다. 색상이 화려한 갑각류를 먹는 앨버트로스가 라이터와 병뚜껑의 반짝이는 금속과 화려한 색상에

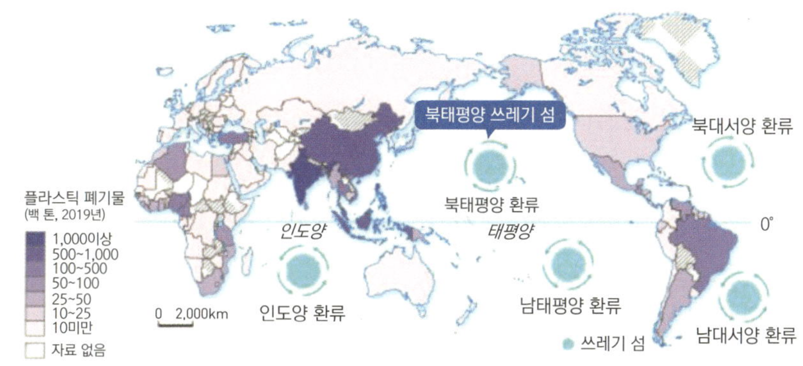

바다로 배출되는 국가별 플라스틱 폐기물과 쓰레기 섬

출처: 천재교과서

앨버트로스 사체에서 발견된 플라스틱

출처: oneeyeland.com

이끌려 먹게 된다고 합니다. 해양 생물들이 섭취한 미세플라스틱은 먹이 사슬을 통해 인간에게 다시 돌아옵니다. 세계자연기금WWF은 1인당 섭취하는 미세플라스틱이 매주 신용카드 1장 분량이라고 추산했습니다.

그러면 해산물 요리만 피하면 안전할까요? 거의 모든 요리에 사용되는 소금도 안전하지 않습니다. 인천대학교와 그린피스의 공동 연구에 따르면 전 세계 39개의 소금 브랜드를 분석한 결과, 약 90%의 소금에서 미세플라스틱이 검출되었습니다. 특히 해양 소금에서 가장 많은 미세플라스틱이 발견되었습니다. 연구에서 인도네시아 소금에서 가장 높은 수준의 미세플라스틱이 발견되었는데, 인도네시아는 당시 세계 2위의 플라스틱 폐기물 배출국이었으며, 현재까지도 가장 많은 플라스틱 폐기물을 배출하는 국가 중 하나입니다.

이렇게 인체에 유입된 미세플라스틱은 체내에 축적되어 여러 질병을 일으킵니다. 2020년 미국에서 기증받은 시신을 연구한 결과, 폐·간·비장·콩팥 등 47개 기관 및 조직에서 미세플라스틱이 나왔습니다. 2021년 또 다른 연구에서는 신생아의 태변과 유아의 대변에서 플라스틱 입자가 확인되었으며, 2022년 네덜란드 연구에서는 사람 혈액에서도 미세플라스틱이 나왔다고 합니다.

2024년 11월 부산에서 열린 제5차 UN 국제 플라스틱 협약 정부간 협상위원회INC-5 회의에서는 생산부터 소비, 폐기까지 플라스틱의 전 생애 주기에 적용되는 법적 구속력 있는 협약을 논의했으나, 회원국 간 이견으로 최종 합의에 이르지 못했습니다. 미완의 협상은 2025년 8월 스위스 제네바에서 이어질 예정입니다. 제네바 회의기 '플라스틱 전염병' 종식을 위한 전환점이 되길 기대합니다.

여섯 번째 대멸종이 불러온 식량 위기의 그림자

인류가 나타나기 전 생물들은 평균적으로 10년에 1종이 멸종했다고 합니다. 그런데 인류가 나타난 이후 10년에 적게는 1,000종이 멸종하고 있다고 합니다. 이와 같이 빠른 속도로 생물종이 멸종하는 현 시대를 '여섯 번째 대멸종'이라고 부르고 있습니다. 지금까지 지구에는 다섯 차례 대규모 생물종의 멸종, '대멸종'이 일어났습니다.

과학계는 지금까지 마지막 다섯번째 대멸종을 6천 500만 년 전으로 보고 있습니다. 당시는 커다란 유성들이 지구를 강타해 공룡들이 사라져버린 시기입니다. 세계자연기금WWF에 따르면 1900년부터 최근까지 400종 이상의 척추동물이 사라졌고, 지난 50년 간 지구에서 포유류, 조류, 어류, 양서류, 파충류는 약 70%가 사라졌습니다. 2050년까지는 생물의 25%가 멸종된다고 합니다. 여섯 번째 대멸종의 멸종 이유로는 기후 변화, 환경오염, 삼림파괴 등이 지목되고 있습니다. 이전의 다섯 차례 대멸종은 운석 충돌이나 화산 폭발 등 자연적인 요인이 원인이었던 것으로 추정되는데 반해, 여섯 번째 대멸종은 인류의 영향이 크다는 점에서 큰 차이가 있습니다.

농업과 식량 생산은 자연 생태계에 의존하기 때문에 생물 다양성의 감소는 식량 위기로 이어집니다. 생물 다양성의 감소는 어떤 경로로 식량 위기를 가져올까요? 우리는 이를 단일 작물 재배와 수분 매개체의 감소를 통해 엿볼 수 있습니다.

먼저, 단일 작물 재배로 특정 작물에 대한 의존도가 증가하면 식량 공

	시기	추정 원인	멸종(단위: %)
1차 대멸종	약 4억4500만 년 전	빙하기 도래 우주의 감마선 폭풍 화산 폭발	86
2차 대멸종	약 3억7000만 년 전	빙하기 도래 운석 충돌	75
3차 대멸종	약 2억5000만 년 전	지구 온난화 운석 충돌, 화산 폭발	96
4차 대멸종	약 2억500만 년 전	대규모 화산 폭발	80
5차 대멸종	약 6500만 년 전	운석 충돌 대규모 화산 폭발	76
6차 대멸종 (?)	현재 진행 중	인류 ● 향후 100년 내 가능성	70

역대 대멸종

출처: 미국 국립 과학원, 2023

급의 불안정성이 높아집니다. 단일 작물 재배는 하나의 작물을 대규모로 재배하는 형태입니다. 이는 특정 해충, 질병, 혹은 기후 변화에 대한 취약성을 높입니다. 가령 특정 병이나 해충이 발생할 경우 해당 작물이 전멸할 위험이 커져, 식량 공급에 큰 타격을 줄 수 있습니다.

19세기 아일랜드의 '감자 대기근'이 대표적 사례입니다. 당시 아일랜드는 단일 품종의 감자에 지나치게 의존했으며, 특정 병원균이 급속히 퍼지면서 감자 작황이 크게 망가져 심각한 기근이 발생했습니다. 농업의 기업화와 세계화로 단일 작물 재배 방식이 확산하고 있으며 식량 공급의 불안정성은 더욱 증가하고 있습니다.

또한, 생물 다양성의 감소는 수분 매개체의 감소로 이어집니다. 수분 매개체는 식물의 꽃가루를 옮겨 열매와 씨앗을 맺도록 도와주는 생물들을 말합니다. 세계식량농업기구FAO에 따르면, 2만 종 이상의 꿀벌을 포함한 20만 종 이상의 다양한 동물들이 수분 매개체 역할을 하며, 농작물 생산에 필수적인 역할을 하고 있습니다. 인간이 섭취하는 식물의 약

3/4
세계 주요 작물의 4분의 3은 일정 부분 수분 매개자의 도움을 필요로 한다.

35%
전 세계 작물 생산량의 35%는 벌, 새, 박쥐 등 수분 매개 동물의 영향을 받는다.

200,000
20만 종 이상의 동물들이 수분 매개자로 활동하며, 이 중 2만 종 이상이 벌이다.

수분 매개체의 역할

75%가 수분 매개체에 의존하고 있으며, 세계 작물 생산의 약 35%에 영향을 미치고 있습니다. 그런데 단일 작물 재배의 확산으로 인해 다양한 꽃과 식물이 사라지고, 기후 변화로 꽃의 개화 시기가 들쭉날쭉해져 수분 매개체들의 서식 환경이 불안정해지고 있습니다.

토양이 죽으면 식탁도 위협받는다
펀자브와 데드 존의 경고

토양 오염은 눈에 잘 띄지 않지만, 식량 생산을 위협하는 또 다른 심각한 문제입니다. 토양은 농업과 식량 생산의 기초를 이루며, 인류 생존에 필수적인 자원 중 하나입니다. 그러나 식량 생산을 증대시키기 위한 화학비료와 농약의 과도한 사용이 오히려 장기적으로는 지역별 식량 위기를 초래하고 있습니다.

인도의 펀자브 지역은 '인도의 곡창'으로 불리며, 인도 밀과 쌀 생산의 각각 20%와 9%를 담당하는 중요한 농업 지역입니다. 이 지역에서는 1960년대에 고수확 품종, 화학비료, 농약 도입으로 농업 생산량이 크게 늘어난 '녹색 혁명'이 일어났습니다. 그러나 수십 년간의 화학비료 및 농약의 남용으로 인해 토양은 크게 황폐화되었습니다. 그 결과 토양 비옥도는 감소해 작물 재배가 어려워졌으며, 토양 산성화와 유기물 감소로 인해 농경지는 척박해졌습니다.

또한, 농약과 화학비료는 지하수와 인근 하천을 오염시켜 생태계를

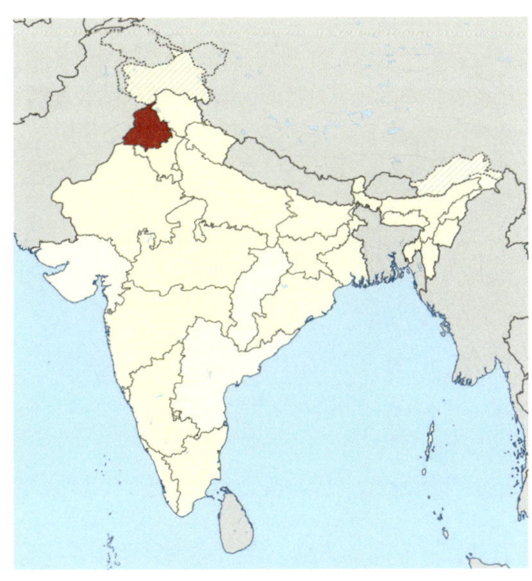

인도 펀자브주州의 위치

파괴했고, 일부 지역은 농업이 불가능한 "죽음의 땅"이 되었습니다. 이로 인해 농민들은 심각한 경제적 어려움에 처했고, 암 발병률이 증가하는 등 건강 문제도 심각해졌습니다. 특히 펀자브의 말와 지역은 암 발병이 기록적인 수준으로 '암 벨트Cancer Belt'라는 별명이 붙게 되었습니다.

미국에서도 비슷한 일이 일어났습니다. 미국 중서부는 "미국의 곡창지대"로 불리며, 옥수수와 대두 같은 주요 곡물들이 대규모로 재배되는 농업 중심지입니다. 그러나 이 지역 역시 농업 생산량을 극대화하기 위해 오랜 기간 화학비료와 농약을 대량 사용해 왔습니다. 그 결과, 미시시피강 하구에 '데드 존Dead Zone'이 형성되었습니다. 데드 존은 수중에 산

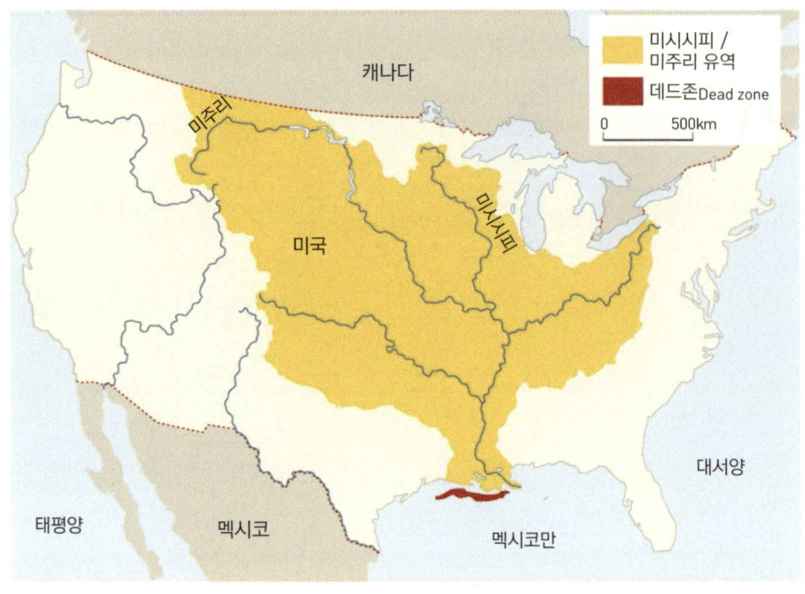

미시시피-미주리 유역과 데드존

출처: clmeplus. org

소가 부족한 저산소 상태를 의미하며, 곡창지대에서 유출된 화학비료 성분이 플랑크톤을 과도하게 번식시키고, 이들이 죽은 후 미생물이 이를 분해하면서 산소를 소모함으로써 발생합니다. 이로 인해 산소가 부족해져 해양 생물들이 더 이상 살 수 없는 '죽음의 구역'이 형성된 것입니다.

　인도의 펀자브와 미국의 데드 존 사례는 화학비료와 농약의 과도한 사용이 단기적으로는 식량 생산성을 높일 수 있지만, 장기적으로는 토양과 생태계를 파괴해 식량 생산의 지속 가능성을 위협할 수 있음을 잘 보여줍니다.

육식이 죄일까?

세계 3대 환경협약은 지구 환경을 보호하고 지속 가능한 미래를 위한 국제적 협력으로, 기후 변화 협약, 생물다양성 협약, 사막화 방지 협약이 있습니다. 이 중 기후 변화 협약UNFCCC은 1992년 리우 회의에서 체결된 협약으로, 온실가스 배출을 줄여 지구온난화를 완화하는 것이 목표입니다. 기후 변화 협약 당사국총회를 통해 국제 사회는 온실가스 감축 목표를 설정했습니다.

지구온난화에 미치는 인간 활동의 총 영향 중 농업 및 식품 부문이 4

분의 1을 차지합니다. 대표적 온실가스인 이산화탄소는 주로 삼림 벌채, 과도한 경작, 화학비료의 사용으로 발생합니다. 또 다른 온실가스인 메탄은 소, 양, 염소 등 반추 동물들의 되새김질 과정에서 대부분 배출되고 있습니다. UN 식량농업기구는 기후 변화의 주요 원인 중 하나로 축산업을 지목했습니다. 전 세계 온실가스 배출량 중 축산업에서만 71억 톤이 배출되며, 이는 14.5%에 달합니다. 축산업에서 배출하는 온실가스 중 큰 비중을 차지하는 것은 메탄입니다. 메탄은 전체 온실가스 중에서 지구온난화에 기여하는 비중이 약 30%에 달합니다. 잘 알려진 바와 같이 소는 트림과 방귀로 메탄을 배출합니다. 뿐만 아니라 가축을 키울 농장을 마련하느라 열대우림을 파괴하는 것도 지구온난화에 한몫하고 있습니다.

이에 세계 각국은 축산업으로 인한 온실가스 배출을 막기 위한 여러 방안을 마련하고 있습니다. 유럽의 몇몇 국가에서는 육류 소비를 줄이고자 '육류세'를 도입하기도 했습니다. 육류세는 소, 돼지 같은 붉은 육류에 부과하는 세금입니다. 그러나 육류세가 저소득층의 육류 섭취를 더욱 어렵게 하여 또 다른 불평등을 초래한다는 우려의 목소리도 있습니다. 육류세는 2016년 덴마크, 스웨덴에서 유사한 법안이 도입된 상태이며 독일에서는 지난 2019년 육류 제품 판매세를 도입하자는 법안이 발의됐습니다. 뉴질랜드에서는 가축 사육에 '방귀세burp tax'를 부과하고 있습니다.

육류세와 방귀세는 일종의 '죄악세Sin tax'로 볼 수 있습니다. 죄악세는 사회에 부정적인 영향을 주는 상품이나 서비스에 부과하는 세금을 말

소 마스크

출처: newspenguin.com

합니다. 담배에 부과하는 세금이 대표적인 죄악세입니다. 육식이 죄라는 걸까요? 육식에 죄악세를 부과하는 것에는 논란이 뒤따르고 있습니다.

소가 배출하는 메탄을 포집하여 연료로 쓰기 위한 노력도 이루어지고 있으며, 영국의 한 회사는 소 마스크를 개발했는데, 소 마스크는 소의 트림을 지구온난화 효과가 그나마 덜한 이산화탄소와 수증기로 바꾸어 배출하도록 하는 장치입니다. 이 밖에도 네덜란드의 하를렘이라는 도시에서는 세계 최초로 공공장소에서의 육류 광고를 금지하는 법안이 2024년부터 시행되고 있습니다. 그러나 이런 모든 노력에도 불구하고 결국 인간이 육식을 줄이는 것이 지구온난화를 막는 데 더욱 직접적이고 큰 도움이라는 것은 어쩔 수 없는 사실입니다.

채식이 답일까?

육식이 잘못이라면, 채식이 답이 될 수 있을까요? 채식은 정도에 따라 다양하게 구분됩니다. 유제품을 비롯한 모든 육식을 거부하는 비건vegan 부터 붉은 고기만 먹지 않는 폴로Pollo까지 다양합니다. 이에 더하여 영국의 비영리단체인 '잇-랜싯EAT-Lancet'에서 2019년에 제안한 '플렉시테리언flexitarian'이 최근 인기를 끌고 있습니다.

플렉시테리언은 유연하다는 뜻의 플렉시블Flexible과 채식주의자를 뜻하는 베지테리언Vegetarian의 합성어로, 주로 채식을 유지하되 가끔씩 육식도 섭취하는 유연한 채식을 말합니다. 최근 발표된 연구에 따르면 플렉시테리언 식단을 채택하는 것만으로 지구온난화를 막는 데 도움이 된다고 합니다. 포츠담 기후영향연구소는 플렉시테리언 식단을 채택하면 축산업에서 발생하는 메탄과 아산화질소 배출을 줄이고 결과적으로 지구 평균 온도 상승을 1.5도 이내로 제한하는 데 도움이 될 수 있다고 밝혔습니다.

또 영국 옥스퍼드대학교 연구에 따르면, 4인 가족이 일주일에 하루 채식 식단을 실천할 경우, 이는 약 5주 동안 자동차를 운전하지 않은 것과 동일한 양의 온실가스 감소 효과를 가져올 수 있습니다. 또한, 일주일에 하루만 소고기를 섭취하지 않아도 약 3개월 동안 자동차를 사용하지 않은 것과 같은 효과를 낼 수 있다고 합니다.

채식만이 기후 위기 대응의 유일한 답은 아닐지 모릅니다. 하지만 플렉시테리언과 같은 작은 실천은 누구나 쉽게 기후 행동에 동참할 수 있도록 한다는 점에서 중요한 의미를 지닙니다. 이러한 작은 변화들이 쌓여 큰 변화를 만들어내며, 기후 위기를 완화하는 데 기여할 수 있을 것입니다.

다양한 채식 유형	
프루테리언Fruitarian 과일만 섭취	
비건Vegan 모든 종류의 동물성 음식 섭취하지 않음	
락토Lacto 유제품 섭취	
오보Ovo 동물의 알 섭취	
락토-오보 Lacto-ovo 동물의 알과 유제품 섭취	
페스코Pesco 해산물과 동물의 알, 우유만 섭취	
폴로Pollo 붉은 육고기(소, 돼지)를 섭취하지 않음	
플렉시테리언Flexitarion 채식을 위주로 하되 상황에 맞게 육식도 섭취	

출처: shinsegaegroupnewsroom.com

로봇 벌의 생태계 구조 작전은 성공할까?

세계 3대 환경협약 중 생물다양성 협약CBD, Convention on Biological Diversity은 생물 다양성의 감소를 막고, 생물자원의 지속 가능한 이용을 위해 1992년 리우환경회의에서 채택된 국제 협약입니다. 앞서 수분 매개체의 감소가 식량 위기를 가져올 수 있음을 지적하였습니다. 대표적인 수분 매개체인 벌은 전 세계 작물의 약 80%의 수분을 담당하며, 전 세계 영양소의 약 90%가 벌이 수정을 담당하는 식량 작물로 얻어집니다. 생태계 유지의 파수꾼인 벌이 단일 작물 재배로 인한 서식지 파괴, 지구온난화 등 다양한 이유로 개체 수가 급감하고 있습니다. 벌이 사라지면 인류는 중대한 식량 위기에 놓일 것은 불 보듯 뻔한 일입니다.

이러한 우려 속에서 웨스트버지니아대학의 한 연구팀이 벌의 행동과 생태로부터 영감을 받아 수분을 할 수 있는 로봇, 브램블비를 개발했습니다. 로봇 벌은 자연의 벌과 유사하게 꽃가루를 옮길 수 있어 농작물의 수분율을 높이고 식량 생산성을 유지할 수 있습니다. 이는 식량 안보 강화와 생태계 유지에도 도움을 줄 수 있을 것입니다. 그럼 로봇 벌이 있으니 벌의 멸종을 안심해도 되는 것일까요?

로봇 벌은 생물다양성 위기의 근본적인 해결책이 되기 어렵습니다. 그 이유는, 우선 수십억 마리에 이르는 자연 벌을 대체하기에는 로봇 벌의 비용이 매우 막대하게 들기 때문입니다. 또한 로봇 벌의 생산과 운영에 막대한 자원과 에너지가 소모되기 때문에 또 다른 환경 파괴를 일으킵니다. 따라서 로봇 벌은 단기적 보완책으로 사용할 수는 있지만, 실질

브램블비
역할은 벌과 유사하지만 생김새는 전혀 다름

출처: irobotnews.com

적으로는 자연 벌 보호를 위한 서식지 보전, 농약 사용 제한, 지속 가능한 농업 등 장기적인 전략이 필요합니다.

세계 시민의 지속 가능한 식품 소비

세계 시민Global Citizen이란, 국적, 인종, 종교의 경계를 넘어 전 지구적 관점에서 생각하고 행동하는 사람을 말합니다. 기후 변화와 대멸종의 위기 속에서 식량 안보를 지키기 위해 세계 시민으로서 우리가 실천할 수 있는 방법에는 어떤 것들이 있을까요?

가장 쉬운 방법은 로컬 푸드Local Food를 소비하는 것입니다. 로컬 푸드는 지역에서 생산된 신선한 농산물과 식품을 말하며, 글로벌 푸드 Global Food와 자주 비교됩니다. 글로벌 푸드는 전 세계 여러 나라에서 생산된 음식을 의미하며, 주로 트럭, 비행기, 배 등을 이용해 장거리를 이동합니다. 이 과정에서 많은 연료가 소모되어 운송 중 발생하는 온실가스 배출이 크다는 단점이 있습니다. 반면, 로컬 푸드는 이동 거리가 짧아 운송 과정에서 발생하는 온실가스를 크게 줄일 수 있습니다. 또한, 글로벌 푸드가 대규모 단일 품종 재배가 특징인 반면, 로컬 푸드는 소규모 다품종 재배인 경우가 많습니다. 이러한 재배 방식은 생물 다양성을 유지하고 생태계를 보호하는 데 기여합니다. 따라서 로컬 푸드 소비는 단순히 환경 보호를 넘어, 지속 가능한 농업과 지역 경제 활성화에도 긍정적인 영향을 미칩니다.

또 다른 방법은 공정무역 제품을 소비하는 것입니다. 공정무역 제품 Fair Trade Products은 생산자와 노동자에게 공정한 대가를 지급하며, 윤리적이고 지속 가능한 방식으로 생산된 상품을 의미합니다. 이러한 제품은 단순히 정당한 대가를 보장하는 데 그치지 않고, 환경 보호에도 기여합니다. 공정무역 제품으로 인증을 받으려면 공정한 대가 지급뿐만 아니라 환경 보호와 지속 가능성의 기준을 충족해야 합니다. 따라서 공정무역 농장에서는 화학비료와 농약 사용을 최소화하고 있습니다. 마트나

다양한 공정무역 인증 제품들
출처: fairtrade.org

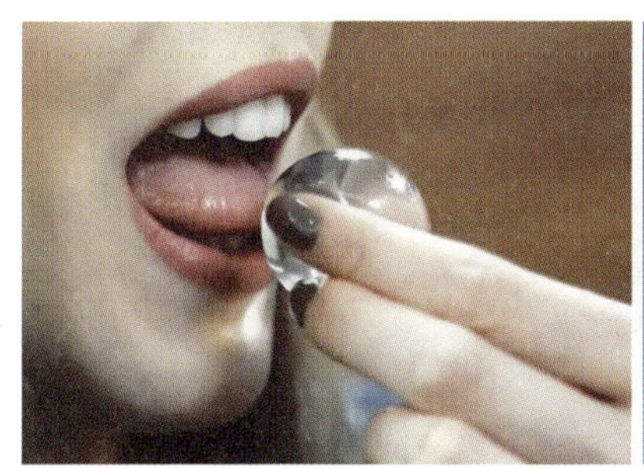

먹는 물병 '오호'

출처: hani.co.kr & joongang.co.kr

카페에서 공정무역 인증 마크가 있는 초콜릿, 커피, 차를 찾아보세요. 이 작은 선택이 환경을 보호하고, 생산자의 삶을 바꾸는 데 큰 힘이 될 수 있습니다.

플라스틱 제로를 지향하는 소비는 역시 환경 보호에 큰 도움이 될 수 있습니다. 이를 위해 플라스틱 포장이 없는 제품을 선택하거나, 미세플라스틱이 포함되지 않은 제품을 소비하는 것도 좋은 실천 방안입니다. 최근 몇몇 기업들은 플라스틱 제로를 실현하기 위해 독창적인 아이디어를 활용한 제품을 선보이고 있습니다. 예를 들어, '오호Ooho!'는 플라스틱병을 대체할 수 있는 해초 기반 물방울 모양 포장재로, 물을 마신 후 포장재까지 먹을 수 있어 플라스틱 쓰레기를 완전히 없앨 수 있습니다.

또한, 전분이나 밀로 만든 '먹을 수 있는 그릇'은 일회용 플라스틱 그릇를 대체하며, 사용 후 쓰레기를 배출하지 않거나 자연에서 쉽게 분해됩니다. 또 '위키펄WikiPearl'은 아이스크림이나 요거트를 플라스틱 컵이

일본에서 개발된 먹는 그릇

출처: foodbank.co.kr

나 종이 포장 없이도 껍질째 먹을 수 있도록 개발된 혁신적인 포장입니다. 이러한 먹을 수 있는 포장은 쓰레기를 줄이는 동시에 플라스틱 생산 과정에서 발생하는 온실가스와 해양 오염 문제를 해결하는 데 크게 기여합니다. 지구를 위한 세계 시민의 현명한 소비가 지구를 위한 지속 가능한 변화를 만들어 갈 수 있습니다.

6장
미래의
식량 작물

식량 생산을 주업으로 하는 농촌의 경관을 떠올려 볼까요? 우선 넓게 펼쳐진 한적하고 깨끗한 초록의 들판이 떠오릅니다. 초록빛 논과 밭은 여전히 아름답지만, 그 안을 들여다보면 고민거리가 산더미입니다.

우선 젊은이들이 더 나은 일자리를 찾아 도시로 떠나다 보니, 농촌에서는 고령화로 노동력이 턱없이 부족합니다. 부족한 노동력을 기계로 대체하기도 하지만, 노인들이 고가이면서 기능이 복잡한 기계를 구입하여 수월하게 다루기가 쉽지만은 않지요. 또한 도시화 및 산업화로 기존의 경지에는 건물이나 산업시설이 들어서면서 작물을 재배할 경지면적은 점점 줄어들고 있고, 이마저도 화학비료와 농약 사용으로 인해 토지는 오염되고 있습니다. 게다가 기후 변화라는 거대한 먹구름이 농업의 하늘을 뒤덮고 있습니다.

이와 같은 농촌 및 농업의 문제는 식량 생산과 맞물려 거대한 골칫거리처럼 보입니다. 하지만, 기술력의 발달은 현재의 어둠 속에서 내일의 태양을 볼 수 있게 만들 것입니다.

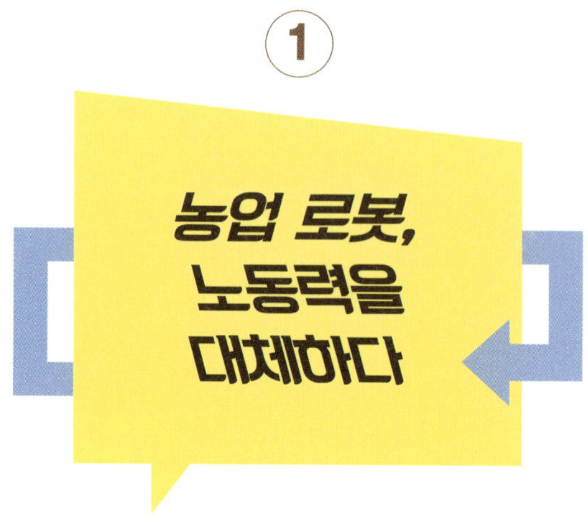

과거의 농업은 온전히 사람의 손에 달려 있었습니다. 밭에서 농작물을 심고, 키우고, 수확하는 모든 과정은 농민들의 땀과 노력 덕분에 이루어졌죠. 한데 이제는 농촌에서의 인구 감소와 고령화로 '미래에 농사를 누가 지을 것인가?'라는 질문이 점점 현실적인 고민이 되고 있습니다.

이 문제의 해결책 중 하나는 바로 농업 로봇입니다. 농업 로봇이란, 농작물을 기르고 돌보는 일을 돕는 스마트 기계들입니다. 사람처럼 똑똑하고 빠르게 농작물을 관리하는 이 로봇들은 과거 노동집약적 산업이었던 농업을 기술집약적 산업으로 변화시키며, 농업의 패러다임을 근본적으로 바꾸고 있습니다. 농업 로봇이 미래 식량 문제를 어떻게 해결할 수 있을지, 그 가능성에 대해 알아보겠습니다.

농업 로봇은 어떤 일을 할 수 있나?

전통적인 농업에서 농민들은 날씨와 토양 상태를 고려하여 수작업으로 작물을 돌봐야 했습니다. 그러나 농업 로봇은 고도의 센서 기술과 인공지능AI 덕분에, 농작물에 필요한 정확한 데이터를 실시간으로 수집하고 분석하여 정밀한 농업을 가능하게 만듭니다.

정확한 시간에, 정확한 양의 물과 비료를 주고, 병해충을 제거합니다. 그뿐만 아니라, 로봇은 작물들이 자라는 환경을 계속해서 모니터링하며, 데이터 분석을 통해 작물들이 자라기에 가장 적합한 조건을 유지할 수 있도록 돕습니다. 예를 들어, 드론은 하늘을 나는 농업 로봇으로, 농작물의 상태를 실시간으로 모니터링합니다. 이 드론은 작물이 자라는 환경을 살펴보고, 병해충이 생기지 않도록 미리 예측하는 데 도움을 줍니다. 또한, 로봇 팔을 가진 기계들은 밭을 돌아다니며 작물을 심고, 필요한 만큼만 물을 주고, 적절한 비료를 투입합니다.

또한, 농업 로봇은 수확 작업도 자동화할 수 있습니다. 과일 수확 로봇은 나무에서 과일을 부드럽게 따고, 수확 시점을 정확하게 맞춰 최고 품질의 작물을 수확합니다. 이 로봇들은 사람의 손처럼 세심하게 다룰 수 있어, 과일의 상처를 최소화하고, 신선한 상태로 농산물을 수확할 수 있습니다.

농업용 로봇

　이러한 수확 작업은 시기가 정해진 수확 기간에 집중된 노동력을 대신할 수 있어 수확시기 인력 부족으로 인한 농작물 폐기 등 다양한 문제를 해소할 수 있습니다.

　고도의 센서 기술과 인공지능 덕분에, 로봇들은 농작물에 필요한 정확한 데이터를 실시간으로 수집하고 분석하여 정밀한 농업을 가능하게 만듭니다. 예를 들어, 로봇은 토양의 상태를 분석하고, 수확할 최적의 시점을 계산하며, 병해충이 생길 가능성이 있는 구역을 미리 찾아냅니다.

농업 로봇은 단순히 공장에서 물건을 조립하는 기계를 떠올리게 하는 기존의 로봇과는 차원이 다릅니다. 이들은 농업 생산의 모든 과정에서 자율적으로 작업을 수행하며, 작업 환경을 스스로 인식하는 첨단 기술의 집합체입니다. 이는 전통적인 농업 방식에 혁신을 가져오고 있습니다.

스페인의 애그 로봇은 최대 24개의 로봇 팔에 센서를 장착해 딸기를 수확하는 작업을 수행합니다. 이 로봇은 딸기의 숙성도를 감지하고, 수확 가능한 과일만을 선별하여 손상 없이 수확하는 놀라운 기술을 자랑

스페인 딸기 수확 애그 로봇

출처: irsglobal.com

251

이스라엘 테벨 비행 수확 로봇

합니다. 또한, 이스라엘의 테벨TEVEL은 AI 알고리즘에 의해 자율주행 방식으로 작동하는 수확용 드론입니다. 드론을 이용하여 높은 곳의 과일을 수확하는데도 용이하며, 과수원에 직접 가지 않고서도 수확 작업이 가능합니다.

농업 로봇의 세계는 이처럼 다양합니다. 이들은 농업의 생산성과 효율성을 높이고, 동시에 노동력 부족 문제를 해결하는 데 기여하고 있습니다. 다음은 주요 농업 로봇의 종류와 기능들입니다.

- **수확 로봇**: 딸기, 토마토 등 과일과 채소의 수확을 자동화하는 로봇은 노동력 절감에 크게 기여합니다. 이 로봇들은 과일의 위치와 숙

성두를 정확히 감지하여 빠르고 효율적으로 수확합니다.

- **운반 로봇**: 작업자를 따라다니며 수확한 작물을 집하장까지 운반하는 로봇은, 수확의 물리적 부담을 크게 줄여줍니다. 작업자의 뒤를 일정 거리 유지하며 이동하고, 자동으로 하역 후 다시 작업자에게 돌아오는 스마트한 동작을 수행합니다.
- **방제 로봇**: 자율 주행 기술을 활용해 농약을 살포하는 로봇은 위성 항법 장치를 이용해 정밀하게 움직입니다. 약제가 떨어질 경우 보충지까지 스스로 이동하는 기능도 탑재되어 있습니다.
- **제초 로봇**: 잡초를 감지하고 제거하며, 농약 사용을 줄이는 동시에 환경에 미치는 영향을 최소화하는 로봇입니다. 좁은 작물 간격에서도 효과적으로 작동할 수 있도록 설계되었습니다.
- **착유 로봇**: 소의 젖을 자동으로 짜는 로봇은 위생적이고 효율적인 착유를 가능하게 하며, 축산업의 노동력을 절감합니다.
- **다기능 로봇**: 여러 개의 로봇 팔을 이용해 과일 수확과 방제를 동시에 수행하는 멀티암 로봇은 농업 로봇의 혁신을 보여주는 대표적인 사례입니다.

농업 로봇은 단순히 노동력을 대체하는 것에서 그치지 않습니다. 이들은 농업의 생산성과 지속 가능성을 높이며, 작업 환경의 안전성을 강화하고, 더 나아가 농업 분야에 새로운 가능성을 열어줍니다. 예를 들어, 로봇을 활용하면 농약 사용량을 줄일 수 있어 환경을 보호하는 동시에 작물의 품질을 향상시킬 수 있습니다. 또한, 농업 로봇은 데이터 분석과

인공지능 기술을 결합하여 농입 생산을 정밀하게 관리하고 최적화하는
데 기여합니다.

이제 농업은 더 이상 전통적인 방식에만 의존하지 않습니다. 첨단 기
술과 자율 로봇이 더해져, 농업의 모든 과정이 혁신적으로 변화하고 있
습니다. 미래의 농장은 인간과 로봇이 협력하여 운영되는 스마트한 공간
이 될 것입니다. 우리가 상상하던 농업의 미래는 이미 현실로 다가와 있
습니다.

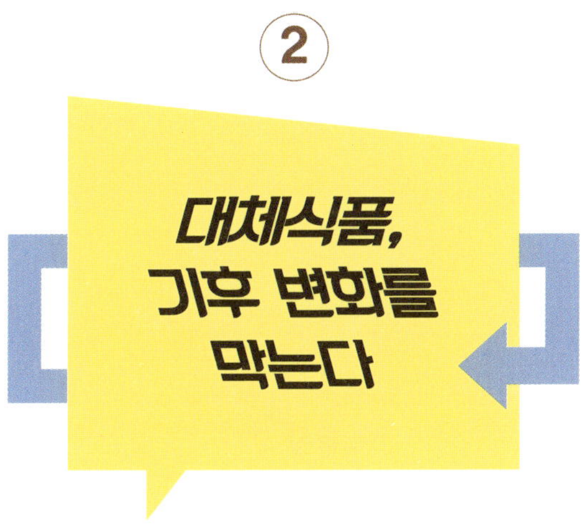

영화 〈매드맥스〉의 황량한 사막 풍경을 떠올려 보세요. 물도, 녹지도 없는 불모의 대지는 우리가 토양을 제대로 관리하지 못하면 겪게 될 미래를 상징합니다. 현재도 전 세계 농경지의 30% 이상이 과도한 경작과 화학비료 사용으로 황폐해지고 있습니다.

여기에 기후 변화는 이 문제를 더욱 심화시킵니다. 비정상적인 가뭄과 폭우는 작물 생산량을 급감시킵니다. 미래 농업은 마치 〈매드맥스〉의 세계처럼 "한 톨의 곡식이 황금보다 더 귀한 자원"으로 바뀔지도 모릅니다.

농업의 문제는 단순히 생산량 감소나 식량 부족에 그치지 않습니다.

이는 기후 변화, 사회적 불평등, 기술 발전과 얽혀 있는 복잡한 이슈입니다. 이를 해결하기 위해서는 우리가 식량을 바라보는 방식을 바꾸고, 지속 가능한 농업과 미래 식량 기술을 적극적으로 도입해야 합니다. "미래 농업의 성공 여부는 자연과 인간이 얼마나 조화를 이루느냐에 달려 있습니다."

식물성 고기

식용 동물 사육으로 인한 기후 위기 및 동물 복지 문제에 대한 대안으로 식물성 고기가 개발되었습니다. 식물성 고기는 식품가공기술을 투입하여 콩이나 밀 같은 식물성 원료를 고기처럼 가공한 식품입니다. 대표적 식물성 고기로는 콩고기가 있습니다. 짜장라면을 먹을 때 들어있는 고기 모양의 건더기 수프가 바로 콩고기랍니다.

하지만, 식물성 고기는 진짜 고기가 가진 고유 영양성분을 그대로 재현해 내기가 어렵고, 무엇보다도 진짜 고기와 식감에서 차이가 있어 큰 인기를 얻지는 못했지요. 식물성 고기가 진짜 고기와 다른 식감을 갖는 것은 고기의 육즙 때문이라고 합니다. 육즙의 피 맛을 느끼게 하는 것이 핏속에 들어있는 헤모글로빈과 근육에 들어있는 미오글로빈 때문이라고 합니다.

동물의 핏속에는, 세포에 산소를 공급하는 운반자 역할을 하는 헤모글로빈이 들어있습니다. 이는 헴heme이라는 철 부분과 글로빈이라는 단

백질을 포함한 분자 구조로 이루어
져 있습니다. 특히, 헴은 헤모글로빈
의 핵심 성분으로, 철을 포함하여 산
소를 결합하고 전달하는 기능을 합
니다. 또한, 헴은 고기 특유의 붉은
색과 철분의 맛을 형성하는 데 중요
한 역할을 합니다. 고기를 구울 때 지
글거리는 소리나, 검붉은 고기의 색,

짜장라면 속 콩고기

출처: mk.co.kr

익은 고기 특유의 풍미가 모두 이 헤모글로빈의 헴에서 기인한다고 합
니다.

그래서 고기가 아닌 식물에서 육즙을 느낄 수 있는 성분을 찾아왔습
니다. 그러다 찾은 것이 콩의 뿌리혹박테리아에 있는 레그헤모글로빈입
니다. 이 레그헤모글로빈을 식물성 고기에 넣어 육즙의 맛을 느끼게 하
는 데 사용하지요. 이 발견을 통해 진짜 고기와 유사한 식감을 낼 수 있
는 식물성 고기가 만들어졌습니다. 미국 샌프란시스코의 '임파서블 푸
드'는 이 대체육을 활용하여 2016년 '임파서블 버거'를 출시하였습니
다. 이후 미국 내 버거 체인점에 패티를 공급하며, 유통망을 확장했고,
2018년에는 할랄 푸드로 인정받아 종교로 동물성 육류를 먹지 않는 소
비자들도 이 버거를 접할 수 있게 되었지요.

이러한 대체육 생산 방식은 동일한 양의 패티를 얻기 위해 동물을 사
육할 때와 비교하면 87%의 물과 96%의 경작지를 절약할 수 있고, 온실
가스 배출량을 동물 사육보다 89% 절감할 수 있다고 합니다. 다만 유전

자 변형GMO 콩을 활용한다는 문제가 있기는 합니다.

실험실에서 키우는 배양육

그럼에도 식물성 고기는 '가짜 고기'라는 부정적인 이름이 붙여져 있습니다. 진짜 고기를 좋아하는 사람들은 가짜 식물성 고기를 선호하지 않습니다. 그래서 식물성 재료가 아닌 고기 세포를 활용해서 안심이나 등심과 같이 원하는 부위를 키워서 고기를 만드는 방법이 연구되고 있습니다.

이스라엘의 대체육 개발 업체 '일레프 팜스'는 국제우주정거장의 3D 바이오프린터로 작은 크기의 근육조직을 배양하는 데 성공했습니다. 지구에서 수집한 소의 세포를 잉크로 사용해 고기와 질감이 유사한 조직을 만든 거지요. 이러한 배양 기술을 통해 향후 우주정거장에 근무하는 우주인들에 고기를 제공할수도 있게 되었습니다. 이는 실제 동물의 세포로 만들어졌기 때문에 맛도 고기와 유사하게 낼 수 있답니다.

다만 세포배양은 원하는 세포를 만들 수 있다는 장점이 있으나, 세포를 배양하는 액체에 소 태아혈청Fetal Bovine Serum이 들어간다는 윤리적 문제가 있습니다. 소 태아혈청FBS은 도축된 소에서 제거한 태아의 혈액을 채취해야 하기 때문에, 우선 소를 사육해서 송아지를 죽여야 하기 때문입니다. 과거 배양육 개발에서 FBS는 필수적이었으나, 윤리적 문제와 지속 가능성 문제로 인해 대체 기술로 전환 중입니다. 그 대표적인 기술

1. 근육채취	2. 근육줄기세포의 분리	3. 근육줄기세포의 초대배양
	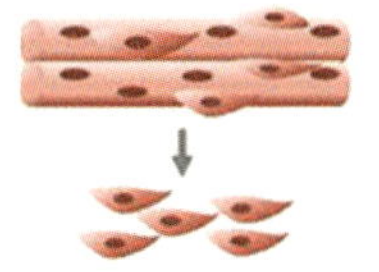	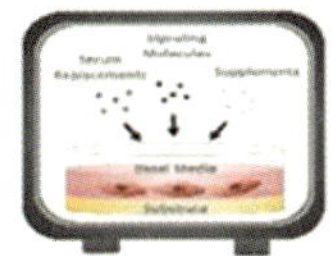
근육조직을 가축으로부터 채취하는 단계	근육으로부터 근육줄기세포를 분리하는 단계	근육으로부터 근육줄기세포를 분리하는 단계

4. 근육줄기세포의 대량배양	5. 근육 분화 및 성숙	6. 근육 수확 및 가공
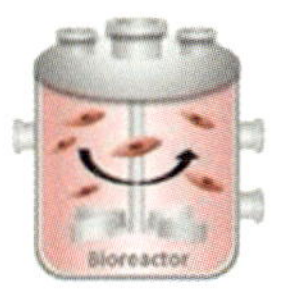	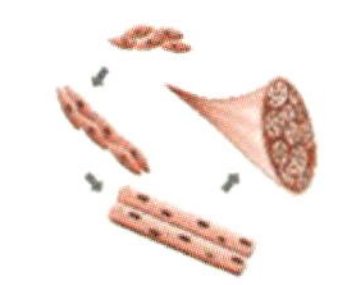	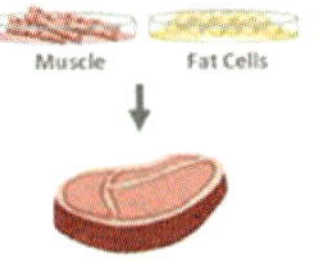
초대 배양한 근육줄기세로를 대량배양하는 단계	대량배양한 근육줄기세로를 근육으로 분화시키는 단계	생산된 근육조직을 수확·가공하는 단계

출처: chuksannews.co.kr

이 유도만능 줄기세포iPSC, Induced Pluripotent Stem Cell입니다. 유도만능줄기세포는 FBS 없이도 효과적으로 배양되고 분화될 수 있는 기술입니다.

이 기술은 생물학적 세포 공학과 식품 기술을 결합하여 동물 세포를 기반으로 한 대체 단백질을 생산하는 방식입니다. 또한, 이 세포는 어떠한 분화 유도 인자를 받느냐에 따라 원하는 세포로 분화시킬 수 있어요. 그래서 대체육을 만들더라도 몸에 해로운 콜레스테롤이나 지방 등은 없앨 수도 있답니다. 그래서 대체육 개발 및 세포 치료 등 다양한 분야에서 윤리적이고 지속 가능한 방법으로 활용되고 있습니다. 특히, 유도만능줄기세포을 활용한 대체육 개발은 미래 식량 문제 해결과 환경 지속 가능성을 위한 혁신적인 방법으로 주목받고 있습니다.

환경을 지키는 미래의 먹거리, 곤충

영화 〈설국열차〉는 기후 변화를 막지 못해 지구가 얼어붙고, 마지막 생존자들이 설국열차라는 기차에 갇혀 사는 설정입니다. 이 영화에서 기차의 계급에 따라 식량의 질이 다른데, 하층민들이 섭취하는 검은 블록 형태의 단백질 바는 바퀴벌레를 갈아서 만든다는 충격적인 내용이 나옵니다. 기후 변화와 계층 간 불평등이 식량 문제와 밀접하게 얽혀 있음을 암시합니다.

여기서, 바퀴벌레로 음식을 만든다는 것이 혐오스러울 수는 있지만, 미래 식량으로 곤충을 활용하는 것은 매우 현실적입니다. 곤충은 단백질 함량이 높을 뿐만 아니라 지방도 불포화지방산 함량이 육류보다 상당히 높고, 칼슘이나 철과 같은 무기질과 비타민에 이르기까지 영양이 매우 우수하답니다.

인류는 지금까지 많은 동식물을 멸종에 이르게 했습니다. 특히, 모기나 바퀴벌레 같은 인간 기준의 해충을 박멸하려고 수많은 노력을 하였

영화 〈설국열차〉 중 단백질 바

지만 멸종시키지 못했습니다. 그만큼 번식력과 적응력이 높다는 거지요. 소고기나 돼지고기, 닭고기 등이 우리 식탁에 오르기까지는 많은 시간과 비용이 투입됩니다, 하지만, 곤충은 아주 짧은 기간에 대량으로 번식하고 적은 양의 사료와 물로 사육이 가능해요. 1kg의 단백질 생산에 필요한 물의 양이 소고기의 경우 1,500리터인 반면, 귀뚜라미는 1리터로 약 1,500 분의 1 수준밖에 안 되는 거죠. 사료도 소고기와 비교하여 0.85kg/10kg 정도의 수준이 필요합니다. 심지어 곤충은 음식물 쓰레기도 사료로 활용할 수 있어요. 또한 넓은 사육 공간이 필요하지도 않고, 우리가 먹는 고기와 영양가 면에서 큰 차이가 없습니다. 소, 돼지, 닭에 비해 무균으로 사육이 가능하니, 코로나와 조류 인플루엔자와 같은 각종 동물 관련 바이러스 전염의 걱정도 없습니다. 즉, 환경을 지키는 미래의

미래의 먹거리 식용 곤충

출처: ecoday.kr

먹거리로 적절하다는 거지요.

2021년 우리나라 농촌진흥청은 전래적 식용 근거에 의한 일반 식품 원료 3종(메뚜기, 백강잠, 식용누에(유충·번데기)), 한시적 식품 원료에서 일반 식품 원료로 전환된 4종(갈색거저리(유충), 흰점박이꽃무지(유충), 장수풍뎅이(유충), 쌍별귀뚜라미(성충)), 한시적 식품 원료 2종(아메리카 왕거저리(유충 탈지 분말), 수벌 번데기)에 이어 '풀무치'를 새로운 식품 원료로 인정하였습니다. 그리하여 총 10종의 식용곤충을 인증했습니다.

프랑스 곤충 단백질 생산 회사 인섹트Ynsect는, 곤충 기반의 단백질과 사료를 제조합니다. 특히 밀웜을 대량으로 사육하며, 이를 통해 식품 및

연번	품목명	학명 또는 특징	비고
1	메뚜기	*Oxya japonica Thungberg*	전래적 식용 근거로 원료 인정
2	백강잠	누에Bombyx mori L의 유충이 백강병균 *eauveria bassiana* (Bals.) Vuill.의 감염에 의한 흰굳음병으로 경직사한 몸체	
3	식용누에 유충·번데기	*Bombyx mori L.*	
4	갈색 거저리 유충	*Tenebrio molitor L.*	한시 인정 원료 → 일반 원료로 전환 ('16.03)
5	쌍별 귀뚜라미	*Gryllus bimaculatus*	
6	흰점박이 꽃무지 유충	*Protaetia brevitarsis*	한시 인정 원료 → 일반 원료로 전환 ('16.12)
7	장수 풍뎅이 유충	*Allomyrina dichotoma*	
8	아메리카 왕거저리 유충 (탈지 분말)	*Zophobas atratus*	한시 인정 원료 ('20.1.16)
9	수벌 번데기	*Apis mellifera L*	한시 인정 원료 ('20.7.9)
10	풀무치	*Locusta migratoria*	한시 인정 원료 ('21.9.13)

출처: 2021년 9월 13일 농촌진흥청 보도자료 「'풀무치' 열 번째 식용곤충 인정」

애완동물 사료로 활용하고 있습니다. 이너베이피드Innovafeed 회사 역시 곤충 기반 애완동물 사료를 제조하고 있습니다.

이와 같이 곤충 육종 산업은 환경 및 식량 안보 문제를 해결하는 중요한 대안으로 성장 중이며, 기술 발전과 함께 글로벌 식품 시장에서 점차 중요한 위치를 차지할 것으로 기대됩니다.

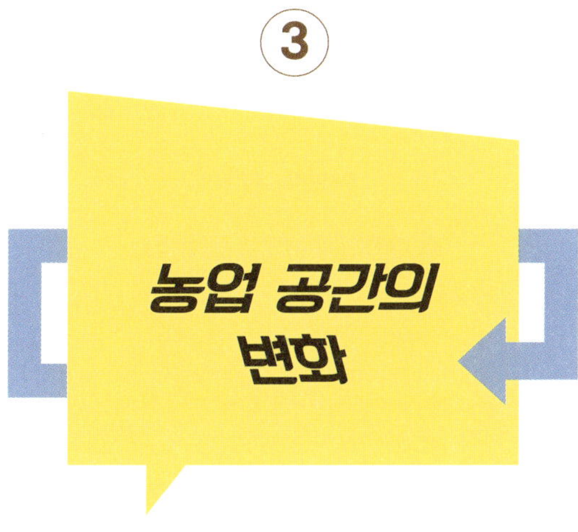

펄벅의 소설 『대지The Good Earth』에서 주인공 왕룽은 가난한 농부로 시작하지만, 땅에 대한 집념과 헌신으로 점차 부를 축적합니다. 그는 "땅은 인간이 의지할 유일한 자산"이라 농업에서 토지의 중요성을 강조합니다. 그러나 가뭄, 홍수, 흉년 같은 자연재해가 반복되면서, 왕룽 가족은 끼니조차 해결하지 못해 도시로 떠나야 하는 극한 상황에 몰립니다.

오늘날에도 농업은 여전히 자연에 크게 의존하고 있습니다. 기후 변화로 인해 가뭄과 홍수는 더욱 빈번해지고 있으며, 이는 곧 농업 생산성의 불안정으로 이어집니다. 『대지』에서 왕룽이 하늘을 보며 "비가 와야 산다!"고 절박하게 외치던 장면은 현대 농민들에게도 여전히 공감되는 현실입니다.

인도어 팜:
토지에 의존하지 않는다

1931년 일본은 자국 내 농업 생산성이 한계에 이르자, 새로운 농경지와 자원을 확보하려 만주(현재 중국 동북부 지역) 침략을 시행했습니다. 이스라엘-팔레스타인 분쟁도 물과 토지 자원, 특히 농업용 토지 확보를 둘러싼 갈등이 중요한 요소 중 하나로 작용했습니다. 또한, 앞서 살펴본 러시아의 우크라이나 침공은 두 나라 간의 정치적 갈등 외에도 비옥한 흑토지대를 보유하고 있는 우크라이나의 농업 자원과 곡물 공급망 통제가 중요한 배경으로 작용하고 있습니다.

이와 같이 토지는 농업을 기반으로 한 생존과 경제 발전의 핵심 자원으로 여겨졌기 때문에, 여러 문명과 국가들이 이를 두고 갈등을 빚어 왔습니다. 하지만 미래의 농업은 이러한 토지기반 농업공간의 개념을 바꿔 줍니다.

'인도어 팜Indoor Farm'은 실내에서 농작물을 재배하는 혁신적인 농업 모델입니다. 즉, 실내indoor 재배는 노지outdoor 재배와 반대되는 개념으로, '식물공장plant factory', '수직농장vertical farm'을 포함합니다. 기존의 온실, 비닐하우스 등의 단순한 자동제어시스템과는 달리, IoT, 빅데이터, AI, 로봇 등 최신의 기술을 융합적으로 활용하는 기법입니다. 현대

상도역 메트로 팜

출처: 농촌진흥청

의 기술을 활용해 온도, 습도, 빛 등을 조절하고, 수경 재배나 수직 농업을 통해 작물을 키웁니다. 이러한 시스템은 대규모 농업에 비해 물과 토지의 사용을 최소화하면서, 좁은 공간에서도 효율적으로 식량을 생산할 수 있어, 도시화가 진행된 지역이나 자원이 부족한 곳에서 매우 유용합니다.

서울의 상도역이나 청량리역에서는 버려진 지하 공간을 활용하여 수경재배로 채소를 키우는 사례가 있습니다. 이 공간에서는 햇빛 대신 LED 조명을 사용하고, 토양 대신 물과 영양액을 공급하여 식물을 재배합니다. 이렇듯 지하철역에서 이루어지는 수경재배는 인도어 팜의 한 예라고 볼 수 있어요.

지하철역 수경재배는 한정된 공간을 농장처럼 활용하여 신선한 채소를 키우는 모습입니다. 인도어 팜은 이와 같은 원리를 더 발전시켜, 건물 내부나 지하 공간을 대규모로 활용해 농작물을 생산하는 방식입니다. 상상해보면, 도시 속 건물 한 층 전체가 이런 농장으로 변신해 우리 식탁에 오르는 채소를 재배하는 모습이라고 생각하면 됩니다.

이러한 인도어 팜은 계절이나 날씨와 무관하게 지속적으로 농작물을 생산할 수 있다는 점이 핵심이지요. 또한, 지하철역, 건물 옥상, 창고 등 도심의 유휴 공간을 농장으로 전환할 수 있어 공간 활용을 할 수 있다는 장점이 있습니다. 이 외에도 소비지와 가까운 곳에서 생산하므로 신선한 상태로 공급이 가능하고, 농약 없이 깨끗한 환경에서 재배하며, 물 사용량도 기존 농업 대비 90% 이상 절감할 수 있는 장점이 있습니다. 거기에 농작물이 실내에서 자라게 되면 식물의 광합성으로 맑고 깨끗한 공기가 실내에 공급이 된다는 장점도 얻을 수 있답니다.

식물공장

경작지를 집 안으로 들여오는 것을 가능하게 한 것은 바로 수경재배입니다. 수경재배란 식물을 토양 대신 젤리 또는 영양액에서 가르는 방식을 말합니다. 이러한 수경재배 방식을 통해 실내에서 온도와 습도를 조절하고 영양분을 제공하며, 인공태양인 LED 전구를 통해 식물이 자랄 수 있는 환경을 제공합니다. 마치 아파트 단지처럼 층층이 식물을 재배할 수 있는 공간을 만든 것이지요.

실내 식물공장

　이와 같이 시설 내에서 빛·온습도·이산화탄소 농도 및 배양액 등의 환경조건을 인공적으로 제어해 계절이나 장소와 관계없이 채소 같은 작물을 자동으로 생산하는 시스템을 식물공장이라고 합니다.

　쉽게 말해 크고 튼튼한 온실이라고 생각하면 됩니다. 각종 센서를 통해 온도와 습도를 조절하고, 해충이 없으니 무농약으로 재배되기 때문에 건강에도 좋겠지요? 날씨와 상관없이 연중 재배가 가능하니 생산량도 증가할 것입니다. 또한, 작물의 수확 시기도 조절할 수 있습니다. 원하는 시간에 맞춰 생산할 수 있으니, 이제 제철 작물이란 용어도 사라질 것입니다.

　미래 인구 절벽으로 인해 발생한 빈집과 건물들은 이러한 식물공장으로 바뀌 활용될 수 있을 겁니다.

바다를 농장으로?

바다는 지구 표면의 70% 이상을 차지하고 있지요. 바다에서의 식물 재배는 기존의 농업 한계를 극복하고 지속 가능한 식량 생산을 위한 새로운 대안으로 주목받고 있습니다. 이는 식물공장의 개념을 바다라는 특별한 환경에 적용한 혁신적인 사례로, 해상 수경재배와 해저 농장으로 나눌 수 있습니다.

해상 수경재배는 바다 위에 떠 있는 플랫폼에서 태양광과 바닷물을 활용해 작물을 재배하는 방식으로, 태양광 패널로 에너지를 공급받아 바

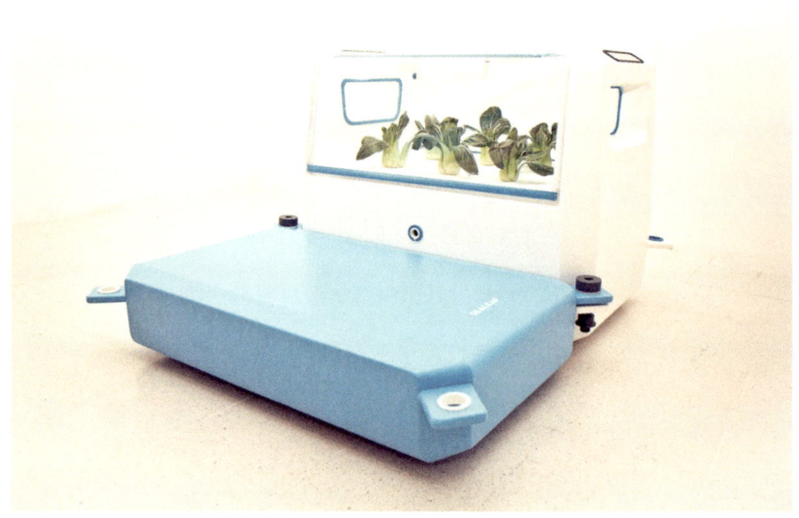

시리프 floating paddy

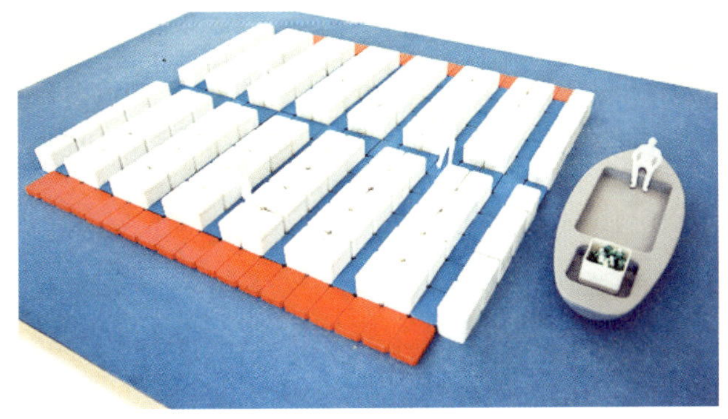

시리프 해상 수경재배

댓물을 정수한 뒤 이를 작물 재배에 이용합니다.

시리프Sealeaf는 수면 위에서 농작물을 재배하는 일종의 '부유식 텃밭floating paddy'입니다. 공기 튜브가 장착된 소형 보트에는 농작물이 자랄 수 있는 투명 캡슐이 장착되어 잇습니다. 또한 태양광 패널이 설치되어 있어 이 에너지로 캡슐 내의 LED등을 밝히고, 온도도 조절한답니다. 어부가 배를 타고 양식장을 관리하듯 미래에는 농부가 배를 타고 농작물을 관리하러 바다로 나갈 수 있습니다.

반면, 해저 농장은 바닷속에 설치된 돔 형태의 구조물 안에서 식물을 재배하는 방식으로, 이탈리아의 네모스가든Nemo's Garden 프로젝트가 유명합니다. 이 프로젝트는 수심 8미터 정도의 바다 밑에 투명한 돔 형태로 만들어졌는데, 공기가 주입된 돔 안에서는 바닷속 일정한 온도와 습도를 활용해 바질과 샐러드 채소 등을 안정적으로 생산하고 있답니다.

바다에서의 식물 재배는 여러 가지 장점이 있어요. 먼저, 육지의 경작지 부족 문제를 해결하며 바다를 새로운 식량 생산지로 전환할 수 있지요. 또한, 바다 환경은 온도와 습도의 변화가 적어 기후 변화의 영향을 덜 받으면서 안정적으로 작물을 재배할 수 있답니다. 더 나아가 바닷물을 직접 활용함으로써 물 부족 문제를 완화하고, 에너지 소비를 줄이는 친환경적인 재배 방식이라는 점에서 지속 가능성을 확보할 수 있답니다.

그러나 이러한 혁신적인 농업 방식에는 기술적 한계와 해양 생태계에 미치는 영향에 대한 우려, 그리고 국제적 규제와 사회적 합의라는 과제가 남아 있답니다. 그럼에도 불구하고 바다 식물공장은 육지의 한계를

네모스 가든

넘어 새로운 식량 생산 가능성을 열어주며, 자연과 기술을 융합해 인류의 식량 문제를 해결할 미래형 농업으로 자리 잡을 전망이에요.

우주에서도 작물을

영화 〈마션〉에서 모래폭풍 때문에 혼자 화성에 고립된 주인공이 한 대사입니다. 주인공은 온실을 설치하고 화성의 척박한 토지에 동료들의 변을 활용하여 거름을 주고 물을 공급하며 감자를 재배합니다.

화성에서의 감자 재배. 영화 〈마션〉 중

영화의 내용이 실제로도 가능할까요? 나사에서는 다른 행성이라도 토지의 화학성분이 지구와 유사하고 물을 얻을 수만 있다면 채소 등을 재배할 수 있다는 연구 결과를 발표했습니다.

우주에서의 작물 재배는 한정된 공간과 자원을 효율적으로 활용해야 한다는 점에서 기존 농업과는 완전히 다른 방식이 요구됩니다. 한국의 스마트팜 업체인 '엔씽N.thing'은 이러한 우주 농업에 최적화된 기술을 개발하며 주목받고 있답니다.

엔씽은 컨테이너형 모듈 기반의 스마트팜을 운영하는 기업으로, 이 시스템은 좁은 공간에서도 고효율로 작물을 재배할 수 있도록 설계되었어요. 컨테이너 내부는 모듈 형태로 독립적으로 운영될 수 있어, 온도,

모듈형 컨테이너 스마트팜 시스템

출처: kglobaltimes.com

화성에 스마트팜을 구축하는 청사진

습도, 조명 등 재배 환경을 정밀하게 조절할 수 있습니다. 이러한 시스템은 우주선이나 우주 기지처럼 공간이 제한된 환경에서도 효율적으로 작동할 수 있는 장점이 있답니다. 이미 2023년 UAE 사막 지역에서 성공적으로 스마트팜을 운영하며, 극한 환경에서도 작물을 재배할 수 있는 가능성을 입증한 바 있답니다.

또한, 엔씽의 스마트팜은 IoT(사물인터넷)와 AI 기술을 활용해 작물 재배 환경을 실시간으로 모니터링하고 최적화하여, 물과 영양분 사용량을 최소화하면서도 작물의 생산성을 극대화할 수 있는데, 이 기술은 자원이 부족한 우주 환경에 적합할 수 있습니다. 또한, 자동화된 관리 시스템 역시 중요한데, 사람이 직접 관리하기 어려운 우주에서는 완전 자동화된 재배 기술이 필수적이시요. 우주 작물 재배는 장기적인 우주 탐사나 달·화성 기지 건설에서 반드시 필요한 기술로, 신선한 채소는 비행사의 영양 공급뿐만 아니라 심리적 안정에도 중요한 역할을 할 것입니다.

엔씽의 스마트팜은 우주 작물 재배의 미래를 열어가는 중요한 사례입니다. 물과 에너지 사용을 최소화하면서 안정적으로 작물을 재배하는 기술은 우주 탐사 중 신선한 식량을 제공할 수 있는 혁신적인 해결책으로 평가받고 있습니다. 이는 단순히 농업 기술의 진보를 넘어, 인류가 우주에서 지속 가능한 삶을 구축하는 데 기여할 중요한 첫걸음이라고 볼 수 있지요.

영화 〈인터스텔라〉는 기후 변화와 자원 고갈로 인해 황폐해진 미래의 지구를 그린 작품입니다. 영화의 초기 장면에서 끝없이 펼쳐진 옥수수밭은 지구의 마지막 희망처럼 그려집니다. 영화 속 지구는 기후 변화로 대부분의 작물이 사라지고, 옥수수만이 살아남아 인류를 지탱하는 상황입니다.

    영화 속에서는 '블랙 그라운드'라는 이름의 곡물이 등장하는데, 이는

영화 〈인터스텔라〉 중

GMO 기술로 개발된 작물입니다. GMO는 가뭄과 병해충에 강한 특성을 부여하여, 극한의 환경 속에서도 생산을 가능하게 만든 것으로 묘사됩니다.

이 장면에서 우리는 GMO 기술이 미래의 식량 문제 해결에 중요한 역할을 할 수 있다는 가능성을 엿볼 수 있습니다.

GMO,
미래 식량의 혁신과 도전

유전자 변형 농산물GMO, Genetically Modified Organisms은 농작물의 유전자를 변형하여 특정 특성을 갖도록 만든 작물을 일컫습니다. 유전자변형 기술GM, Genetically Modified이라 함은 어떤 생물체(미생물, 식물, 동물)의 유전자 중에서 유용한 유전자를 선택한 후 이를 다른 생물체에 도입하여 유용한 형질을 발현시키는 데 이용되는 기술을 말합니다. 즉, 생명공학 기술을 활용해 특정 유전자를 삽입하거나 변형하여 원하는 특성을 가진 농산물을 만드는 것이지요.

이 기술은 작물이 가뭄, 병충해, 염분 등 극한 환경에서도 생존할 수 있도록 하거나, 영양소를 강화해 건강에 이로운 식품을 생산하는 데 활용됩니다. 예를 들어, 비타민 A가 강화된 황금쌀Golden Rice은 비타민 결핍으로 인한 질병을 예방하는 데 기여하고 있고, 병충해에 강한 옥수수와 제초제에 내성을 가진 대두 등도 GMO 기술의 성공적인 사례로 꼽힙니다.

이 GMO의 가장 큰 장점은 생산성을 획기적으로 높일 수 있다는 점입니다. 동일한 면적에서 더 많은 작물을 생산할 수 있어 경작지 감소 문제를 완화할 수 있지요. 또한, 극한 환경에서도 생존할 수 있는 GMO 작물은 기후 변화로 인한 농업 피해를 줄이고, 농약 사용량 감소를 통해 환경오염을 줄이는 효과도 기대할 수 있답니다. 영양소를 강화한 작물은 영양 불균형 문제를 해결하는 데에도 도움을 줄 수 있고요.

그래서 GMO 기술은 미래 식량 문제를 해결할 수 있는 새로운 선택지로 떠오르고 있습니다. 전 세계 인구는 빠르게 증가하고 있지만, 기후 변화, 농경지 감소, 자원 고갈 등으로 인해 기존 농업 방식만으로는 식량 수요를 충족하기 어려운 상황에서 GMO가 대안으로 주목받고 있는 거죠.

그러나 GMO에 대한 우려와 논란도 여전히 존재합니다. GMO가 생태계에 미칠 잠재적 영향이나 인체 건강에 대한 장기적인 안전성, 대기업 중심의 식량 공급망 독점 문제가 주요 논란거리지요. 예를 들어, GMO 작물이 주변의 야생 식물과 교배되어 생태계를 교란시킬 가능성이 제기되고 있으며, 특정 기업이 GMO 종자를 독점하면 농민들이 경제적으로 종속될 수 있다는 우려도 있습니다.

GMO는 척박한 농지에서도 작물의 재배가 가능하고, 자국의 식량부족을 해결할 수 있는 방안으로 여겨지기 때문에 선진국에 비해 개발도상국에서 그 보급률이 높게 나타나는 것이 일반적입니다. 2019년 선진국의 GMO 재배면적은 44%이며, 개발도상국은 56%로 나타났는데, 몬산토 기업의 GMO작물인 BT 목화가 도입된 후부터 인도 농민들의 사살이 증가한다는 기사가 있었습니다.

'이 면화를 심으면 농약을 뿌릴 필요가 없다, 당신도 부자가 될 수 있다, 백만장자가 될 수 있다'는 선전에 넘어간 농민들은 본래 재배하던 녹두, 참깨, 검은콩 및 토종 면화 등의 재배를 포기하고 빚을 내 BT 목화 종자를 사들여 재배했습니다. 급기야 인도 목화 경작지의 90% 가까이에서 BT 목화를 재배하게 되었습니다. 그런데 얼마 지나지 않아 해충이 BT 독소에 적응했고 더 많은 농약이 필요해졌지요. 그리고 BT 목화는 일반 목화에 비해 더 많은 물이 필요했는데, 관개시설이 잘 갖추어지지

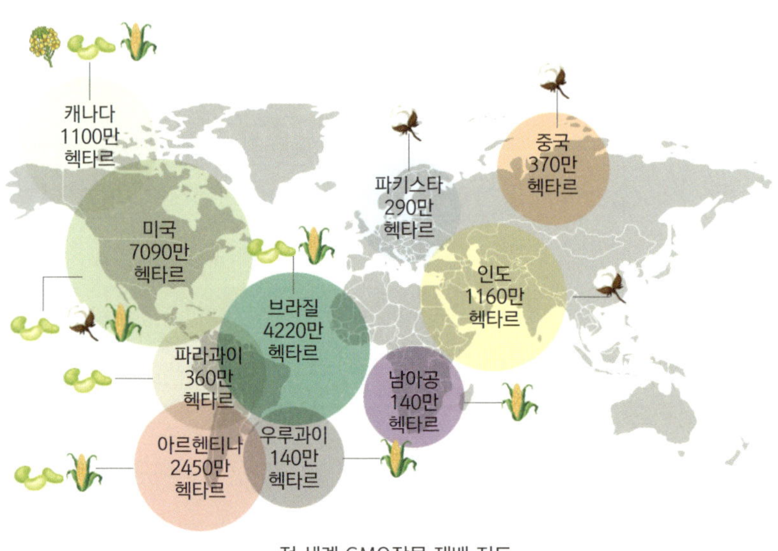

전 세계 GMO작물 재배 지도

출처: futurechosun.com

않은 인도의 상황에 맞지 않았습니다. 그러다 보니 수확량은 감소하고 생산비가 늘게 되면서, 농민들은 눈덩이처럼 불어난 빚더미를 떠안아야 했고, 급기야 목숨을 끊는 선택을 하게 된 것입니다.

그래서 GMO 기술이 인류의 번영에 기여하기 위해서는 몇 가지 전제가 필요합니다. 먼저, GMO에 대한 과학적 연구와 정보가 대중에게 투명하게 공개되어야 하겠지요. 둘째, GMO 기술이 소수 기업에 독점되지 않고 모든 농업 종사자가 공정하게 접근할 수 있어야 할 것입니다. 마지막으로, 생태계와 소비자 건강을 보호하기 위한 철저한 관리와 규제가 필요합니다.

GMO는 인류가 직면한 식량 문제를 해결할 중요한 도구로 평가받고 있지만, 그 기술이 인류의 미래에 긍정적으로 기여하기 위해서는 과학적 연구와 윤리적 고민이 조화를 이루어야 합니다. 이러한 노력이 뒷받침될 때, GMO는 인류를 위한 진정한 미래 식량으로 자리 잡을 수 있을 것입니다.

종자 전쟁과 글로벌 식량 주권

"농사꾼은 굶어 죽어도 씨앗을 베고 죽는다"는 속담이 있습니다. 1년 동안 지은 농사의 끝은 수확한 곡식의 일부를 선별해서 이듬해 파종할 씨앗을 남겨 두는 일이라는 의미입니다. 그만큼 씨앗의 중요성을 강조하는 의미이지요.

GMO 기술의 발전은 단순히 농업의 혁신을 넘어, 전 세계적으로 '종자 전쟁'이라는 새로운 갈등의 중심에 서게 되었습니다. 종자 전쟁이란 종자 기술과 그 상업적 이용을 둘러싼 국가 간, 기업 간 경쟁과 갈등을 의미합니다. 이 갈등의 배경에는 GMO 종자를 개발하고 소유한 다국적 기업들의 시장 지배력과 농업 종사자들의 경제적 의존 문제가 자리 잡고 있답니다.

세계 GMO 시장을 주도하는 몇몇 대형 다국적 기업들은 특허를 통해 GMO 종자의 사용을 통제해 왔습니다. 이들 기업은 GMO 종자의 생산과 유통을 독점하며, 농민들이 매년 새로 종자를 구매하도록 강요하는 시스템을 구축하고 있어요. 이는 농민들에게 경제적 부담을 가중시키는 동시에, 전통적 종자 사용과 재배의 자유를 제한합니다. 특히, 개발도상국에서는 GMO 종자 의존도가 높아지면서 식량 주권이 위협받고 있을 수도 있어요.

식량 주권이란 한 국가가 자국민의 식량을 자급자족할 수 있는 능력을 의미하는데, 특정 기업이 종자를 독점하면 해당 국가의 농업은 이들 기업에 종속될 가능성이 큽니다. 이는 농업 종사자뿐만 아니라 국가 전체의 경제적, 정치적 자율성을 약화시킬 수 있지요. 우리나라도 보듯 벼 등을 제외한 대부분의 종자 자급률이 20% 내외밖에 안 되고 있답니다.

인류 공동의 자산이었던 씨앗이 소수 기업에 장악되어 돈벌이의 수단이 된다면, 이는 종자를 넘겨주는 것은 우리의 생존을 남의 손에 맡기는 것과 같습니다. 종자는 단순한 농업 자원이 아니라, 인류의 생존과 식량 안보를 좌우하는 중요한 요소가 될 수 있어요. 종자 전쟁이 단순한 경

우리나라 국산 종자 자급률

제적 경쟁을 넘어, 공정성과 지속 가능성을 바탕으로 한 협력의 장으로 전환될 때, 인류는 GMO 기술을 통해 더욱 밝은 미래를 열어갈 수 있을 것입니다.

참고문헌

1장

김영규 외, 『FOOD GEOGRAPHY』, 푸른길
남원상, 『맛집에서 만난 세계지리 수업』, 서해문집
루안 웨이, 『식량위기, 이미 시작된 미래』, 미래의창
미야자키 마사카츠, 『처음 읽는 음식의 세계사』, 탐나는책
박병상, 『식량 불평등』, 풀빛
배영하, 『벼의 한살이로 들여다본 논 생태계, 쌀』, 한솔수북
성명환 외, 『세계 곡물시장과 한국의 식량안보』, 식안연
이철승, 『쌀 재난 국가』, 문학과 지성사
재레드 다이아몬드, 『총, 균, 쇠(Guns, Germs, and Steel)』, 김영사
지식 브런치, 『삶이 허기질 때 나는 교양을 읽는다 3』, 서스테인
칼 폴라니, 『거대한 전환』, 길
한상기, 『작물보다 귀한 유산이 어디 있겠는가』, 지식의 날개

2장

송오석, 『다시 쓰는 커피학 개론: 커피 가공 및 품종을 중심으로』, 아이비라인
José 가와시마 요시아키, 『커피 헌터와 함께하는 세계 커피 산지 여행』, 황소자리
이길상, 『커피 세계사 + 한국 가배사』, 푸른역사
톰 스탠디지, 『세계사를 바꾼 6가지 음료』, 캐피털북스

조철기, 『기호와 탐닉의 음식으로 본 지리』, 따비

최원형, 『환경과 생태 쫌 아는 10대』, 풀빛

안민호, "세계인 입맛 사로잡은 '커피'… 아프리카서 처음 마셨어요", 『동아일보』, 2024.04.15.

윤오순, "600년 경작의 역사를 보유한 예멘 커피", 『한국일보』 오피니언, 2023.08.29.

정길선, "커피의 세계사, 세계 경제를 뒤흔드는 씨앗 이야기", 『브레이크 뉴스』, 2024.03.22.

김종목, "춤추는 염소 전설'에서 '모카 원산지 속이기', '여성 배제 카페'까지…커피의 시대", 『경향신문』, 2024.02.02.

이길상, "누구나 먹는 모카 커피, 이런 슬픈 역사 담겨 있었다니", 『오마이뉴스』, 2021.09.03.

이길상, "커피에 관한 이상한 이야기들…유럽인들은 왜 그랬나", 『오마이뉴스』, 2021.08.06.

이길상, "동양 깔보는 심리가 낳은 '이슬람 커피 탄압설", 『오마이뉴스』, 2021.08.06.

이길상, "바리스타가 내린 에스프레소, 이 말에 이런 뜻이", 『오마이뉴스』, 2022,05.08.

이길상, "웬 뜨거운 커피? 비웃음 견뎌낸 스타벅스", 『오마이뉴스』, 2022.07.16.

한국농수산식품유통공사, 『가공식품 세분 시장 현황: 초콜릿류 시장』, 2016.

옥기원, "이제 초콜릿은 대체품으로…카카오나무 멸종위기에", 『한겨레』, 2024.09.04.

송동호, "무서운 키워드_ 기후위기, 초콜릿이 사라진 세상", 『금강일보』, 2024.04.11.

박근태, "초콜릿 원료, 밭 대신 실험실에서 만든다", 『조선비즈』, 2024.09.04.

김미현, 『아보카도가 사막을 만든다고?』, 올리

이한, "아보카도가 환경에 미칠 수 있는 영향들", 『환경경제신문』, 2021.06.01.

박종익, "아보카도 때문에 울고 웃는 칠레…축산 농가는 다 죽을 판", 『나우 뉴스』, 2020.09.27.

이재환, "물 부족 시달리는 칠레 주민들, 원인은 아보카도?", KBS 뉴스, 2018.03.30.

정미하, "한 해 수출액만 3조 원 이상…멕시코 '아보카도' 둘러싼 논쟁", 『조선비즈』, 2024.06.25.

박상훈, "아보카도가 원인?…멕시코서 시장 예비후보 2명 잇단 총격 사망", 『문화일보』, 2024.02.28.

3장

강형준, 「칠레의 농업 현황」, 한국농촌경제연구원, 2019.

공윤희·윤예림, 『세계 시민 수업 4: 아동 노동』, 풀빛

공윤희·윤예림,『오늘부터 나는 세계 시민입니다』, 창비교육
김동호,「공정무역의 한계와 그 원인에 대한 연구」, 한국무역상무학회, 무역상무연구 제73
　　　권, 2017.
김택원,『식량 불평등 어떻게 해결할까?』, 동아엠앤비
마일즈 리트비노프·존 메딜레이,『인간의 얼굴을 한 시장경제, 공정무역』, 모티브북
박미선·김희순,『빈곤의 연대기』, 갈라파고스
박병상,『세계 시민 수업 3: 식량 불평등』, 풀빛
변재연,「곡물 수급 안정 사업·정책 분석」, 국회예산정책처, 2021.
브루스터 닌,『누가 우리의 밥상을 지배하는가』, 시대의 창
아드리안 쿠퍼,『세상에 대하여 우리가 더 잘 알아야 할 교양 1: 공정무역』, 내 인생의 책
앤드류 랭글리,『세상에 대하여 우리가 더 잘 알아야 할 교양 39: 기아』, 내 인생의 책
윤석원,『농업문명의 전환』, 교우사, 2011.
이승호,「앉은뱅이 밀 이야기」,『그린매거진』, Vol.175, 2020.
이용균,「공정무역의 가치와 한계-시장 의존성과 생산자 주변화에 대한 비판을 중심으로
　　　-」, 한국도시지리학회,『한국도시지리학회지』제17권 제2호, 2014.
이희연,『경제지리학』4판, 법문사
임현진,「아프리카 농업 현대화 및 시사점」, KOTRA(대한무역투자진흥공사), 2016.
장 지글러,『왜 세계의 절반은 굶주리는가?』, 갈라파고스
최배근,『세계화, 무엇이 문제일까?』, 동아엠앤비
FAO 외,「The State of Food Security and Nutrition in the World 2022」, 2022.
FAO,「The State of Food Security and Nutrition in the World 2008」, 2008.
Mondelēz International,「2022 Annual Report」, 2022.
Nestlé,「Annual Review 2023」, 2023.

4장

권홍우, "아일랜드 감자 대기근",『서울경제』, 2016.08.16.
그린고트고블린, "아일랜드의 감자 대기근은 왜 일어났을까?" 2024.05.03.
김현민, "참새 잡다 인민 죽인 대약진운동",『아틀라스뉴스』, 2021.12.25.
"사진으로 보는 중국의 20세기",『한겨레』, 2019.10.19.
심종석, "무역전쟁사-미국과 EU 간 바나나 전쟁",『통하는 세상』, 2021. 1월호.
최윤필, "바나나에 얽힌 '전쟁'들",『한국일보』, 2020.04.07.
미야자키 마사카츠,『처음 읽는 음식의 세계사』, 탐나는 책
하상도, "COVID19 이후 세계 식량 수급 전망",『식품음료신문』, 2020.10.19.

신광영, "거대한 체스판에 깔린 우크라이나 사람들", 『동아일보』, 2022.01.05.
"2022년 식량·에너지 위기", 나무위키, 2024.11.12.
아침아빠, "우크라이나와 러시아의 악연", 2024.03.31.
조영태, 『정해진 미래-인구학이 말하는 10년 후 한국 그리고 생존전략』, 북스톤
박정호, 『세계지도를 펼치면 돈의 흐름이 보인다』, 반니
유발 하라리, 『사피엔스』, 김영사
루안 웨이, 『식량위기, 이미 시작된 미래』, 미래의 창
나상호, 『미래 식량 전쟁, 최후의 승자는?』, 글라이더

5장

피터 크리스티, 『세계 최초 제국은 왜 몰락했을까?』, 아카넷 주니어
마크 라이너스, 『최종 경고: 6도의 멸종』, 세종서적
찰스 무어 외, 『플라스틱 바다』, 미지북스
루안 웨이, 『식량 위기, 이미 시작된 미래』, 미래의창
World Bioenergy Association, 「2023 GLOBAL BIOENERGY STATISTICS REPORT」,
        2023.
WWF, 「Living Planet Report 2022」, 2022.
FAO, 「World Food and Agriculture – Statistical Yearbook 2023」, 2023.
FSIN, 「Global Report on Food Crises 2024」, 2024.
Vermeulen, S.J. 외, 「Climate change, agriculture and food security」, COSUST,
        Current Opinion in Environmental Sustainability 제4권, 2012.
Cullen, H.M. 외, 「Climate change and the collapse of the Akkadian empire」, GSA,
        Geology 제28권 제4호, 2000.
김원홍, "인류 최초의 아카드제국/'화산폭발·가뭄으로 소멸'", 『서울신문』, 1993.09.04.
조원빈, "가난도 서러운데 기후 변화 직격탄 맞은 아프리카", 『한국일보』, 2023.05.29.
이혜진, "70년 후 고랭지 배추 멸종…국산 김치 사라진다 외신의 경고", 『조선일보』,
        2024.09.03.
유아연, "1000배 빠른 속도로 잃어가는 '멸종 위기 동물'", 『노벨사이언스』, 2018.01.24.
신연수, "좋은 기후 찾아 떠도는 '유목 시대' 올 것", 『한국경제』, 2024.09.14.
민태원, "막 버리다 몸 버린다… 미세 플라스틱의 인체 공습", 『국민일보』, 2024.07.30.
송재선, "2090년엔 고랭지배추 재배 어렵다", 『농촌여성신문』, 2013.02.18.
Ramesh Sharma, "The dark side of the Green Revolution", 『welthungerhilfe』,
        2021.04.07.

Anuj Behal, "The Green Revolution and a dark Punjab", 『Down To Earth』,
    2020.07.16.

6장

민승규, 『식량위기, 이미 시작된 미래』, 미래의 창
나상호, 『미래 식량 전쟁, 최후의 승자는?』, 글라이더
류창완, 『인류 최후의 블루오션 팜 비즈니스』, 쌤앤파커스
남재철, 『6번째 대멸종 시그널, 식량전쟁』, 21세기북스

접시 위의 세계

© 전국지리교사모임, 2025

초판 1쇄 2025년 7월 17일 펴냄
초판 2쇄 2025년 12월 10일 펴냄

지은이 | 박종희 · 홍지예 · 조문영 · 김경민 · 서다인 · 한충렬
펴낸이 | 강준우
인쇄 · 제본 | 지경사문화

펴낸곳 | 인물과사상사
출판등록 | 제17-204호 1998년 3월 11일

주소 | (04031) 서울시 마포구 동교로 22길 29 성지빌딩 3층
전화 | 02-325-6364
팩스 | 02-474-1413

www.inmul.co.kr | insa@inmul.co.kr

ISBN 978-89-5906-803-6 43900

값 20,000원

이 저작물의 내용을 쓰고자 할 때는 저작자와 인물과사상사의 허락을 받아야 합니다.
파손된 책은 바꾸어 드립니다.